Die Freimaurer. Ein Geheimbund
und seine Geschichte

Aus dem Italienischen von
Ruth Karzel

Lektorat der dt. Ausgabe
Dino Heicker

Umschlaggestaltung und *Satz*
Klaus Keller

Zeichnungen
Pietro Cattaneo

Druck und Bindung
Giunti Industrie Grafiche S.p.A. – Prato

Redaktion und Bildrecherche
Sedigraf, Blevio (CO)

Die Abbildungen stammen, wenn nicht anders vermerkt,
aus dem Archivio Sedigraf.

Sedigraf bedankt sich bei allen, die einen Beitrag zur
Dokumentation geleistet haben. Sedigraf hat sich
bemüht, sämtliche Rechteinhaber ausfindig zu machen.
Sollte es in Einzelfällen nicht gelungen sein, Rechte-
inhaber zu benachrichtigen, so bitten wir diese, sich beim
Verlag zu melden.

Die Originalausgabe
»La Massoneria – Il vincolo fraterno che gioca con la
storia« erschien
© 2005 bei Giunti Editore S.p.A., Florenz-Mailand.
www.giunti.it

© 2008 Parthas Verlag
Stresemannstraße 30
10963 Berlin
www.parthasverlag.de

ISBN 978–3-86601-245–5

Angela Cerinotti (Hg.)

Die Freimaurer

Ein Geheimbund
und seine Geschichte

Parthas

Inhaltsverzeichnis

Vorwort

Wer sich über die Freimaurerei informieren will, hat unter einer Fülle von Titeln die Qual der Wahl. Daher erhebt diese Einführung keinen Anspruch auf eine erschöpfende Behandlung dieser Thematik, sondern will vielmehr Grundinformationen zu einer Institution liefern, die seit jeher zu vielen Missverständnissen und Verdrehungen Anlass gab. Das Buch beschäftigt sich mit der Geburt der Freimaurerei im modernen Sinne (*Die Ursprünge*). Es beleuchtet, wie sehr die Ziele und Programme der Freimaurerei von der Epoche der Aufklärung geprägt wurden, nicht nur hinsichtlich der Politik, sondern auch im Hinblick auf die vorherrschenden ideologischen und kulturellen Strömungen, und wie sich das auf die Art ihrer weltweiten Verbreitung auswirkte (*Wechselwirkung mit der Geschichte*). Der letzte Abschnitt (*Besser verstehen*) versucht, dem Leser durch die Vermittlung notwendiger Kenntnisse einen »Leitfaden« an die Hand zu geben, mit dessen Hilfe er die freimaurerische Auffassung von der Welt und vom Menschen, so wie er ist oder sein sollte, entziffern kann.

Ein Durcheinander von Theorien

Die Hypothesen zum Ursprung der Freimaurerei sind so zahlreich, dass es schier unmöglich wäre, sie alle hier einer eingehenden Betrachtung unterziehen zu wollen. Eine Monografie zu diesem Thema macht dies deutlich: »Bei einer 1909 erfolgten Untersuchung von zweihundertsechs bis dato veröffentlichten historischen Werken, die sich mit den Ursprüngen des Freimaurertums befassen, traten neununddreißig unterschiedliche Ansichten zutage« (L. Sessa: *La Massoneria. L'antico mistero delle origini*).

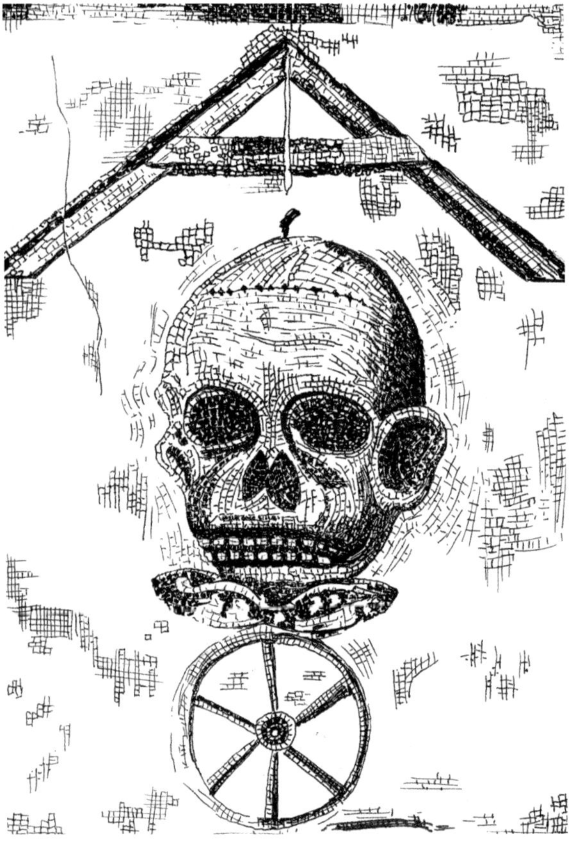

Reproduktion eines pompeianischen Mosaiks, das 1878 an einer Stelle entdeckt wurde, an der ein römisches Collegium seinen Sitz gehabt haben soll: Setzwaage und Senkblei über einem Totenschädel (der physische Tod). Darunter schwebt ein Schmetterling (die unsterbliche Seele) über dem Lebensrad (die biologischen Zyklen). Bilder wie dieses führten in der Freimaurerei zu der Überzeugung, an eine uralte Tradition anzuknüpfen.

8

Einer der vielen fantasiereichen Theorien zum Ursprung der Freimaurerei zufolge stammen
die Logen von den Bauleuten ab, die den Turm von Babel errichteten (oben: die Turm-
baustelle auf einem Mosaik in der Markuskirche zu Venedig).

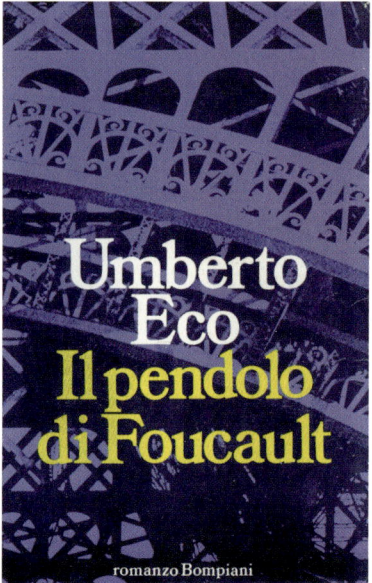

**Umberto Eco
Il pendolo
di Foucault**

romanzo Bompiani

Im Foucaultschen Pendel von U. Eco wird aus reinem intellektuellen Vergnügen heraus versucht, einen organischen Entwurf zu erschaffen, in dem alle esoterischen und hermetischen »Seelen« vorkommen, die oft als Ursprung der Freimaurerei bezeichnet werden.

In dieser Liste stößt man sogar auf Theorien, die behaupten, die Freimaurerei habe bereits vor der Erschaffung der Welt bestanden, und andere wieder halten sie für zumindest ebenso alt wie die Schöpfung und sprechen vom Bestehen einer Freimaurerloge im Paradies. Viele sehen den Ursprung der Freimaurerei in grauer Vorzeit oder aber in einem der bedeutenden Augenblick der Menschheit, die die Bibel beschreibt: bei den Überlebenden der Sintflut oder den Bauleuten des Turms zu Babel.

Häufig wird , auch in späterer Zeit, eine Verbindung zum Judentum hergestellt. Vor allem sollen die ersten »Maurer« tatsächlich die Erbauer des Tempels in Jerusalem gewesen sein. Letztere Hypothese gehört zu einer weiteren Gruppe von Legenden, die in die sogenannten gotischen Konstitutionsschriften der operativen Zünfte des Bauhandwerks Aufnahme fanden. In diesem Zusammenhang spielt Salomon eine ähnliche Rolle wie Euklid und Pythagoras, was auch auf den geografischen Verlauf der traditionellen »Maurerweisheit« von ihrer Wiege, dem Orient, über das antike Griechenland bis hin zu den Britischen Inseln verweisen soll. Deutlich operativen (d. h. ursprünglich handwerksbezogenen) Sinn hatte diese »Weisheit« dort, wo man die ersten Maurer unter den Mitgliedern der *Collegia Artificum* oder *Fabrorum* im antiken Rom sehen wollte, unter den *Magistri Comacini*, die bereits in langobardischer Zeit tätig waren, unter den deutschen *Steinmetzen* und den französischen *Compagnonnages*, um schließlich bei den englischen und schottischen *Free-Masons* (Freien Maurern) anzukommen.

Als man jedoch vermehrt auf komplexe Symbole und Rituale sowie auf Verschwiegenheit Wert legte, wurde die Freimaurerei in die Nähe von Mysterienkulten und esoterischem Wissen gerückt, ohne dass dabei irgendeine

Detail eines Fensters der Kathedrale von Chartres, auf dem ein Ritterzweikampf dargestellt ist. Die Hypothese, der Ursprung der Freimaurerei sei auf die Tempelritter zurückzuführen, fand im Lauf der Geschichte zahlreiche Anhänger.

noch so abgelegene Tradition ausgelassen wurde: die der Ägypter ebenso wie die der Chaldäer, Essener, Druiden oder Rosenkreuzer.

Großen Erfolg hatten die »militärischen Theorien«. Diese brachten den Ursprung der Freimaurerei mit dem Rittertum in Verbindung, genauer gesagt mit dem Zeitalter der Kreuzzüge und den militärischen Ritterorden, insbesondere den Tempelrittern.

Schließlich soll auf jene politischen Theorien hingewiesen werden, die die Ereignisse rund um den englischen Thron (*siehe* S. 22–23) ins Spiel bringen, sowie auf die Hypothese, die im englischen Philosophen Francis Bacon (1561–1626) den Begründer der Freimaurerei sieht. Eine seriöse freimaurerische Historiografie ermöglichte es, Licht in dieses Durcheinander zu bringen, indem sie die verschiedenen Positionen in Beziehung zum ideologischen und kulturellen Kontext ihrer Entstehungszeit setzte. Doch derjenige, der sich mit der Freimaurerei befasst, hat es mit einer Symbolsprache zu tun, was Missverständnissen Tür und Tor öffnen kann, nimmt man die Formulierungen wörtlich.

Die Rosenkreuzer

Besondere Aufmerksamkeit verdient die Theorie zum Entstehen der Freimaurerei, die die Rosenkreuzer ins Spiel bringt. Nicht weil sie im Vergleich zu anderen glaubwürdiger wäre, sondern weil das Rosenkreuzertum – oder vielmehr die Vereinigungen, die sich selbst als Erben der rosenkreuzerischen Tradition ausriefen – seit dem 19. Jh. mit der Freimaurerei manchmal in engem Kontakt stand.

Die Rosenkreuzerbewegung trat erstmals zu Beginn des 17. Jahrhunderts auf, als in Deutschland zwei Traktate veröffentlicht wurden: 1614 die *Fama Fraternitatis Oder Brüderschafft des Hochwohllöblichen Ordens des R. C.* sowie 1615 die *Confessio Fraternitatis Oder Bekanntnuß der löblichen Brud-* erschafft deß Hochgeehrten Rosencreutzes *an die Gelehrten Europas geschrieben*. Darüber hinaus erschien 1616 die *Chymische Hochzeit: Christiani Rosencreutz anno 1459*.

Bis heute steht jedoch nicht fest, ob die Bruderschaft, von der diese Texte sprechen, tatsächlich existierte. Vielleicht handelte es sich um eine »imaginäre Tafelrunde«, einen Kreis »wahrer« Weiser, der sich als Hüter geheimen Wissens für eine Erneuerung der Menschheit einsetzte und die Natur in göttlichem Ausmaß beherrschen konnte. Für eine Verbreitung dieses Idealtyps des Weisen in einer von Religionskriegen gezeichneten Zeit – als letzter flammte 1618 der Dreißigjährige Krieg auf – sollen die Anhänger der Alchemie, der natürlichen Magie, der Kabbala und der magischen Astrologie gesorgt haben. Sie waren Erben des Hermetismus der Renaissance, hatten aber auch am Re-

Anima mundi, Stich aus einem Werk von Robert Fludd (1574–1637), einem englischen Arzt, Erbe der hermetischen Tradition der Renaissance und vermutlich Rosenkreuzer. Er lebte in London in der Coleman Street nahe dem Gebäude, in dem sich damals die London Masons Company befand. Es ist nicht auszuschließen, dass er als »angenommener« Freimaurer beigetreten war und einen gewissen Einfluss auf das Entstehen der spekulativen Freimaurerei ausübte.

Gott misst die Welt mit seinem Zirkel, anglofranzösische Bibelillustration aus dem 14. Jh. In seinem Essay The scripture references to the rose croix ritual (1979) *betont A. C. F Jackson den »Mystizismus«, der als stufenweise Annäherung an eine wahrheitsgetreue Interpretation des Willens des Großen Baumeisters aller Welten und die Unterwerfung unter diesen verstanden wird.*

formeifer und der Sehnsucht nach geistiger Erneuerung teil, die für das Europa jener Zeit so charakteristisch waren.

Aktuelle Positionen in der Historiografie der Beziehung zwischen Freimaurerei und Rosenkreuzern schließen eine Übereinstimmung beider Strömungen ebenso aus wie die Hypothese, die Freimaurerei sei eine rosenkreuzerische »Geburt«. Doch womöglich wurde der Entwurf einer Ordnung der »löblichen Bruderschaft« in *Fama, Confessio* und *Chymischer Hochzeit* von den Statuten der operativen Freimaurerei (Werkmaurerei) inspiriert. Eine Autorschaft des Verfassers der *Chymischen Hochzeit*, J. V. Andreae, ein lutherischer Pastor aus Württemberg und Anhänger der spirituellen Alchemie, für die beiden ersten Texte ist nicht gesichert. Andererseits könnte das lebhafte und dauerhafte Interesse an rosenkreuzerischen Traktaten in England auch einige Persönlichkeiten mit esoterischem Interesse erfasst haben, die zu Zeiten des Übergangs von der operativen zur spekulativen Freimaurerei »angenommene« Logenmitglieder waren (*siehe* S. 18–21).

Die freimaurerische Hiramslegende (*siehe* S. 24–29) und die Definition des Meistergrades könnte Bezug auf jenen Christian Rosenkreutz nehmen, der von Andreae als Gründer der Bruderschaft eingeführt und mit der spirituellen Fragestellung nach Tod und Wiedergeburt in Zusammenhang gebracht wird. Die englische Historikerin Frances Yates wertet die Traktate als »Zeichen« eines Geheimplans, der in den ersten Jahren der Herrschaft Jakobs I. herangereift sei. Er habe alle Kräfte des Protestantismus antikatholisch und antihabsburgisch ausrichten wollen. Dieser Theorie zufolge hatte die englische Freimaurerei mit der Rosenkreuzerbewegung wenig gemein, denn sie schloss explizite konfessionelle Entscheidungen oder Formen jeglicher politischer Konspiration seit jeher aus.

In England zu Beginn des 18. Jahrhunderts

Im Wesentlichen ist man sich einig über die Geburtsstunde der Freimaurerei im modernen Sinn: es war das St. Johanni-Fest am 14. Juni 1717. Damals versammelten sich die Verantwortlichen von vier Londoner »Logen« im *alehouse* Goose and Gridiron (Zur Gans und zum Bratrost). Nach dem normalen Programm, der sogenannten Arbeit, wurde die Gründung einer weltweiten Großen Mutterloge verabschiedet. Sie sollte sämtliche freimaurerischen Vereinigungen zusammenfassen und gewährleisten, dass Statuten und Symbole den Regeln entsprachen. Als Logen (*lodges* auf Englisch, *loges* auf Französisch) wurden im Mittelalter auf Kathedralenbauplätzen eingerichtete Hütten und Lauben bezeichnet. Dort fanden die hoch spezialisierten und in Zünften organisierten Bauleute Zuflucht vor schlechtem Wetter und besprachen Arbeitsfragen.

Aus diesen mittelalterlichen Dombauhütten leitete sich auch die Bedeutung des Ausdrucks »Maurerei« her, der oft als Synonym für den Begriff »Freimaurerei« verwendet wird. In England nannte man einen für den Steinmetz besonders geeigneten Stein nämlich *free stone*. Analog dazu hieß der Steinmetz *free-mason*. Frankreich seinerseits übersetzte die englischen Begriffe mit *pierre franque* respektive franc-maçon. Es existiert jedoch noch eine andere etymologische Deutung des Begriffs: *freemason* oder *franc-maçon* bedeutet wörtlich »freier Maurer«. Im Mittelalter war nämlich derjenige »befreit« und daher frei (*free, franc*), der als Mitglied einer Zunft seiner Arbeit an jedem beliebigen Ort nachgehen konnte. Die »Freien Maurer« unterschieden

Auf der gegenüberliegenden Seite: gotische Bauhandwerker bei der Arbeit, Miniatur aus der Mitte des 15. Jh. Lange hat man diskutiert, ob diese Bauleute wohl Kenntnisse und Geheimnisse esoterischer Natur besaßen, und ob Freimaurerei diesem Umstand ihr Erbe zu verdanken habe. Historisch erwiesen ist jedoch, dass die Verschwiegenheit (die übrigens in Statuten ab dem 14. Jh. dokumentiert ist) vor allem die speziellen Techniken des Berufs betraf. Die Techniken waren das eigentliche Erbe der Zünfte, insbesondere der Meister, die die Bauhütte leiteten. Sie waren bemerkenswerte Persönlichkeiten: nachdem sie auf der niedrigsten Stufe (Steinmetzlehrling) angefangen und sich qualifiziert hatten, indem sie von Stadt zu Stadt durch einen großen Teils Europas reisten, um andere Erfahrungen zu machen und neue Techniken kennenzulernen, waren sie Selbständige in höherer sozialer Position, oft in vertrauter Beziehung zu den Mächtigen.

![Mittelalterliche Bauszene mit Steinmetzen, Maurern und Kirchenbau]

sich von den einfachen Maurern durch einen höheren Grad technischer Spezialisierung. Sie hielten Jahrhunderte hindurch, auch nach dem Niedergang der Gotik, die Tradition des Zunftwesens aufrecht, indem sie internen Statuten gehorchten. Diese wurden mehr oder weniger von lokalen Gegebenheiten ge-

15

Das Zunftwesen in England: *Craft*

Im Italienischen hat das Wort »Arte« (Kunst) neben vielen anderen Bedeutungen auch eine historisch-soziologische, nämlich »Zunft«. Es kann auch generell Zusammenschlüsse von Handwerkern und Kaufleuten meinen, die bis zur Französischen Revolution so ihren Ausdruck für eine berufliche Identität, fachliche Interessen und ein Zusammengehörigkeitsgefühl fanden. In England gibt es den Begriff »Craft«, der ebenso wie das italienische »Arte« in seiner Bedeutung immer auf eine besondere Fähigkeit oder Geschicklichkeit hinweist. Craft kann generell eine richtige Kunst oder den Handel bezeichnen, sowie Gruppierungen von Personen, die Kunst ausüben oder Handel treiben. In freimaurerischem Zusammenhang bezieht sich das Wort auf die Gesamtheit der Freimaurer, wo auch immer sie sich befinden mögen.

prägt, den berühmten *Old Charges*, jene in über hundert Versionen existierenden »Alten Pflichten«, deren älteste überlieferte Fassung um 1390 entstand. Außerdem verwendeten sie das sogenannte *Mason Word*, das »Maurerwort« (das heißt, ein Zeichen oder eine Parole, die es den Mitgliedern ermöglichte, einander zu erkennen oder vielleicht einfach die Gelegenheitsarbeiter und Lehrlinge von den Gesellen zu unterscheiden). Ihre Vereinigungen nannten sie auch weiterhin »Loge«. Erst viel später, nachdem 1717 die moderne Freimaurerei entstanden war, sollte dieser Begriff wieder ihre Versammlungsorte bezeichnen, die allerdings völlig anders waren als die auf den mittelalterlichen Dombaustellen. Bis dahin pflegte man Versammlungen in öffentlichen Lokalen (Bierstuben und Gasthäuser) abzuhalten, wie etwa jenes, in dem die Großloge von London gegründet wurde. Andererseits scheint das Gasthaus auch ein für das soziale Milieu der Angehörigen der alten englischen Logen geeigneter Ort gewesen zu sein. Im 17. Jahrhundert waren gebildete Adelige (die sogenannten *Accepted Masons*) in den Bruderschaften der Steinmetze gar nicht so selten, wie zahlreiche Dokumente belegen. Dennoch waren Handwerker bis zum ersten Viertel des 18. Jahrhunderts in jenen Bruderschaften weiterhin in der Überzahl. »Tatsächlich waren die englischen Logen von Anfang an und bis in unsere Tage eine Art Club«, schreibt R. Le Forestier in *Die templerische und okkultistische Freimaurerei im 18. und 19. Jahrhundert.* »Hier kam zu dem den Engländern eigenen Vergnügen, zu festen Zeiten einen Abend unter Männern zu verbringen, noch der Gebrauch eines bilderreichen Wortschatzes hinzu und die Pflege der alten Bräuche, die ihrem traditionalistischen Geist besonders entsprach. Die Freemasonry war eine spezifisch englische Einrichtung, eine

Eine Fantasierekonstruktion des Goose and Gridiron Alehouse (Zur Gans und zum Bratrost) auf einem Aquarell. In dem Londoner Bierhaus hatten sich 1717 die Mitglieder von vier Logen versammelt, die den Kern der Londoner Großloge bilden sollten. Die Unterstützer der Initiative waren der Althistoriker George Payne (der zweiter Großmeister wurde), der Pastor James Anderson (siehe S. 19) und Jean Desaguliers, Sohn eines Hugenottenflüchtlings. Mit diesem historischen Treffen, das etwa dreißig Grundbesitzer, etwa zehn Adelige und ebenso viele Offiziere zusammen mit Handwerkern und Kaufleuten versammelte, begann in England jene Vereinheitlichung der Organisation und des Logenlebens, die eine offizielle Unterstützung der Regierung gewährleisten sollte.

bodenständige Schöpfung, die den gesellschaftlichen Gewohnheiten und den Anlagen einer ihrer Vergangenheit leidenschaftlich verbundenen Nation entsprach, deren insularer Partikula-rismus und nationaler Egoismus niemals daran dachten, die Welt zu verändern.«

Von der operativen zur spekulativen Freimaurerei

Als neben den »Freien Maurern«, zu denen längst auch Schmiede und Tapezierer zählten, vermehrt Adelige, Bürger und Intellektuelle in freimaurerische Organisationen eintraten, wandelte sich die operative Freimaurerei, wie sie sich im Wesentlichen bis zu Beginn des 18. Jahrhunderts erhalten hatte, zur spekulativen Freimaurerei. Die führenden Positionen der Großloge von London, die anfänglich von sozial oder kulturell unbedeutenden Personen eingenommen worden waren, gingen auf angesehene Persönlichkeiten über,

Stich, der die Gründung der Royal Society (1660) unter den Auspizien Karls II. Stuart glorifiziert. Zu den Gründern gehörten Moray und Ashmole, die jeweils von einer Loge in Edinburgh und in Warrington 1641 bzw. 1646 »angenommen« (accepted) worden waren. Das Leben der beiden Persönlichkeiten dokumentiert den Übergang von der operativen zur spekulativen Freimaurerei, lässt aber auch auf enge Verbindungen zwischen der englischen Freimaurerei und den kulturellen Interessen der Royal Society schließen.

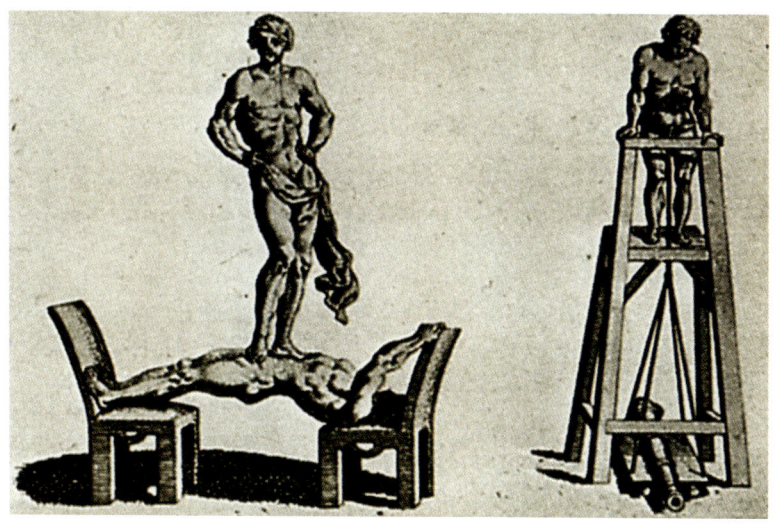

Die Neugier für eine Wissenschaft, die sich von der spirituellen Dimension löste, war einer der Kritikpunkte der Traditionalisten an der spekulativen Wende der englischen Freimaurerei (auf einer Lithografie aus dem 18. Jh. werden die Gesetze der Statik »anthropomorph« illustriert).

was eine Bedeutungssteigerung der Loge im In- und Ausland bedeutete. Das hatte Folgen. Einerseits sollte nun die einfache Vergangenheit der Freimaurerei neu interpretiert und geadelt werden, andrerseits musste ein Programm entworfen werden, das die unterschiedlichen Gesellschaftsschichten vereinte und die Theorie von einer »geistigen Bruderschaft« über alle Schranken hinweg stützte.

Mit der ersten Aufgabe betraute der Herzog von Montagu den ersten Großmeister der Londoner Großloge, den presbyterianischen Pastor James Anderson (1684–1739). Dessen *Konstitutionenbuch* von 1723 war eine radikale Revision der alten gotischen Konstitutionen. Als typischer »Polygraf« seiner Zeit lieferte Anderson der Freimaurerei einen tadellosen Stammbaum. Andrerseits glich er die jahrhundertealten Statuten der einzelnen Logen miteinander ab und vereinfachte sie. Die durch Andersons Werk erzielte Wirkung wurde verstärkt durch die »Werbeaktion« des anglikanischen Freimaurers John Theophilus Desaguliers (1683–1744), Sohn eines französischen Pastors, der aus religiösen Gründen nach England geflüchtet war. Er war bei den aristokratischen und

19

kulturellen Eliten seiner Zeit gut eingeführt (man hatte ihn 1714 in die Londoner Royal Society aufgenommen) und teilte deren Interesse für die Wissenschaft. Die Traditionalisten meinten, er habe die geistig-spirituelle Bedeutung des initiatischen *iter* (Reise) und der operativen und bodenständigen Essenz verwässert.

Zur Erreichung des zweiten Ziels wurde mit der Veröffentlichung der *Alten Pflichten* und des *Konstitutionenbuchs* von einem Adepten gefordert, ein »freier Mann von gutem Ruf« zu sein. Freiheit war hier allerdings nicht in politischem Sinne zu verstehen, sondern als Freiheit von (religiösen) Vorurteilen. Analog dazu stellte die Gleichheit kein absolutes Prinzip dar, sondern wurde als Gleichheit der Rechte in Bezug auf die gleichen Fähigkeiten aufgefasst. Damit wurde de facto ein elitärer Ton angeschlagen, demzufolge eine Bruderschaft nur zwischen Personen möglich war, die bereit waren, die eigenen

menschlichen und spirituellen Gaben zu perfektionieren und ein Vorbild an Rechtschaffenheit zu sein.

Das rückt die These zurecht, (englische) Freimaurer hätten jenen Demokratisierungsprozess angestoßen, der Ende des 18. Jahrhunderts in die *Erklärung der Menschenrechte* mündete. Auch wenn es vereinzelt philanthropische und reformistische Ansprüche gegeben haben mag, so hat es sich dabei nicht um ein allgemeines »operatives« Programm gehandelt. Die Englische Lehrart, auch blaue Freimaurerei genannt, war eher ein aktualisiertes Zunftwesen, das zwar Werte wie Zusammenarbeit oder gegenseitige Hilfe hochhielt, dies aber im Wesentlichen zum Vorteil der Mitglieder, die sich der Hierarchie unterzuordnen hatten.

Die englische Freimaurerei nach der Veröffentlichung von Andersons *Konstitutionenbuch* fand nicht die Zustimmung aller Logen. Der Widerstand der »traditionalistischeren« Logen gipfelte

---

Freimaurer und bürgerliche Gesellschaft, nach den Alten Pflichten

»Der Maurer ist ein friedfertiger Untertan der bürgerlichen Gewalt, wo er auch wohnt und arbeitet, und muß sich nie in Meuterei oder Verschwörung gegen den Frieden und die Wohlfahrt der Nation einlassen [...]. Denn gleichwie Krieg, Blutvergießen und Verwirrung der Maurerei immer nachteilig gewesen sind, so waren auch vor alters Könige und Fürsten sehr geneigt, die Zunftgenossen ihrer Fried-fertigkeit und Treue wegen, wodurch sie den bösen Leumund ihrer Gegner mit der Tat widerlegten, aufzumuntern und die Ehre der Brüderschaft zu fördern, welche immer in Friedenszeiten blühte. Sollte daher ein Bruder ein Empörer gegen den Staat sein, so muss er nicht in seiner Empörung bestärkt werden, obgleich er als ein unglückseliger Mann zu bemitleiden ist«.

Ein Blick auf die Kathedrale St. Peter von York, die in sich verschiedene Phasen der englischen Gotik vereint. Links davon der Turm der katholischen Kirche St. Wilfrid. Aufgrund ihrer eigenen älteren Wurzeln machte die Yorker Freimaurerei der Londoner Freimaurerei ihren Anspruch auf Überlegenheit streitig. Ihren ersten Großmeister sahen sie im christlichen König Edwin, der um 600 n. Chr. den Grundstein für die Kathedrale gelegt haben soll.

in der Proklamation einer Großloge von All-England in York (1725) sowie in der Gründung einer unabhängigen Obedienz im Jahre 1751, den Ancients oder Antients. Den »Moderns« wurde auch vorgeworfen, dem Ritual die unverzichtbare Bindung an die christliche Tradition geraubt zu haben. Eine Wiedervereinigung fand erst 1813 mit der Gründung der Vereinigten Großloge der Alten Freimaurer von England statt.

Freimaurerische Rituale weckten große Neugier, man nahm sogar an, die geheimen »Arbeiten« gefährdeten die soziale Sicherheit. Das Parlament erklärte 1799 Vereinigungen für unrechtmäßig, in der ein Schwur geleistet wurde. Nach der Intervention politisch einflussreicher Persönlichkeiten in höchsten Ordenspositionen musste fortan jährlich dem örtlichen Friedensrichter eine Mitgliederliste vorgelegt werden. Das zerstreute zwar Verdächtigungen und Vorurteile kaum, doch glitt die englische Freimaurerei so wenigstens nicht in die Illegalität ab.

21

Den Stuarts treu?

Mögliche Verbindungen zwischen Freimaurern und Jakobiten sind ungeklärt. Einerseits wird von einer Übereinstimmung von Werten und Absichten gesprochen, andererseits dieser Frage keinerlei Bedeutung beigemessen. In England entstand nach der sogenannten Glorious Revolution von 1688, die den katholischen König Jakob II. Stuart zur Abdankung gezwungen hatte, eine jakobitische Strömung. Als Jakobiten bezeichnete man dem Königshaus treu gebliebene Legitimisten. Sie unterstützten die politische und ideologische Linie, die sich in den Regierungsjahren Jakobs II. durchgesetzt hatte. Man wollte versuchen, die absolute Monarchie wiedereinzusetzen, sich vor den aufsteigenden sozialen Schichten zu schützen und den Katholizimus bedingungslos zu unterstützen.

So soll die Freimaurerei bereits 1660 eine wesentliche Rolle gespielt haben, als der Thron von Karl II. wiedererobert wurde, dem Sohn jenes Karls I., auf dessen Verurteilung und Hinrichtung Cromwell bestanden hatte. Karl II. soll ihr in seinem Exil beigetreten sein und so konkrete Hilfe für seine Rückkehr auf den Thron erhalten haben. Als Anerkennung soll er der Freimaurerei die Bezeichnung *Royal Art* verliehen haben, in Hervorhebung ihres Verdienstes, wirksam zur Restauration der Monarchie beigetragen zu haben. Hierher rührt eine symbolische Interpretation der Hiramslegende (*siehe* S. 24–29): der *Tempel* repräsentiere die Monarchie selbst, Hiram, der ermordete *Baumeister*, sei niemand anderer als Karl I., Henrietta-Marie de Bourbon, Gemahlin Karls I., sei die *Witwe*,

Karl II. Eine vermutlich jeglichen historischen Fundamentes entbehrende Tradition sieht in der Unterstützung, die ihm die Freimaurer entgegenbrachten, einen jener Faktoren, die ihm zur Wiedererlangung des Thrones verholfen haben sollen.

Königin Anna, Tochter Jakobs II. und Gemahlin Georgs von Dänemark, war die letzte Stuart und folgte ihrem Schwager Wilhelm III. von Oranien-Nassau auf den Thron von England. Das Gemälde von P. Angelis, das heute in der National Portrait Gallery in London hängt, stellt sie beim Empfang der Ritter vom Hosenbandorden dar. Die

Theorie einer Verschwörung zwischen Jakobiten, katholischen Freimaurern und Vertretern des Schottischen Andreasordens, deren Fäden angeblich in Frankreich mit dem Ziel zusammengelaufen seien, die durch die Vertreibung Jakobs II. eroberte politische und religiöse Freiheit zunichte zu machen, scheint in den Kreisen deutscher protestantischer Freimaurer entstanden zu sein. Die Idee, die katholische Kirche plane mithilfe der Jesuiten, die Kontrolle über die Feimaurerei zu erlangen, zirkulierte am Ende des 18. Jh. erneut. In diesem Zusammenhang entstand die »stuartistische« Lesart der Hiramslegende .

und schließlich konnte der exilierte Jakob II., Bruder und Nachfolger Karls II., konsequenterweise nur der *Sohn der Witwe* sein. Diese Verbindung von historischen Tatsachen und Symbolen wurde unter anderem herangezogen, um den Ursprung der sogenannten Hochgrade des Schottischen Ritus zu erklären (siehe S. 32–33). Diese sind allerdings erst ab 1738 genau dokumentiert.

Diese offensichtliche zeitliche Diskrepanz schließt jedoch nicht aus, dass Beziehungen zwischen Freimaurern und Jakobiten existiert haben könnten. Bevor die Logen sich in eine zentralisierte Ordnung fügten, waren die Zusammensetzung der Logen, ihr Erscheinungsbild, ihre Intentionen und Praxis keineswegs homogen. Für jakobitische Kräfte war es aus Sicherheitsgründen leichter, sich außerhalb Englands zu organisieren. Sicher ist jedenfalls, die Freimaurerei ließ der jakobitischen Strömung keine einstimmige Unterstützung zukommen. Später scheint der Prätendent Jakob III., genannt Ritter von St. Georg, bei Papst Clemens XII. interveniert zu haben, damit dieser 1737 die kleine jakobitische Loge in Rom schließen lasse und 1738 die Freimaurerei offiziell verurteile (*siehe S. 38*).

Eine Vergangenheit »nach Maß«

Die Lektüre des *Konstitutionenbuchs* von Pastor Anderson (*siehe* S. 18–21) erhellt den Ursprung einer Reihe seltsam miteinander verquickter historischer Fakten und Personen sowie echter Legenden. Diesem Buch ist die Geschichte der Freimaurerei in Form eines Vorworts den Statuten vorangestellt, die den alten Regeln der Steinmetz- und Maurerzünfte entlehnt, jedoch etwas vereinfacht sind.

Anderson bearbeitete einen Stoff, den bereits die Kleriker im Mittelalter ausgesponnen hatten, um das Ansehen der Werkmaurer zu steigern. Er stellt die These auf, im Verborgenen seien bereits den Urmenschen offenbarte höhere Kenntnisse über den alten Orient ins Abendland vermittelt und so bewahrt worden. Neben Pythagoras, der seine Weisheit den in Babylon gefangenen Ägyptern und Juden verdanken soll, treten in der Galerie der Persönlichkeiten, die die Glieder einer ununterbrochenen geheimen Kette bilden, auch die chaldäischen Magier auf, vor allem aber König Salomon. Dieser soll ein leuchtendes Beispiel unter den antiken Herrschern gewesen sein, die der *Royal Art*, so Anderson, ihren Schutz gewährt hätten. So konnte die Königliche Kunst »mit göttlicher Anleitung beim Bau der Bundeslade und des Tempels Salomonis« zur Vollendung gelangen.

Zum Rückgriff auf die alttestamentarische Figur des Salomon und das suggestive Bild des Tempels kommt die Hiramslegende hinzu; sie ist für ein Verständnis der freimaurerischen Sym-

THE
CONSTITUTIONS
OF THE
FREE-MASONS
CONTAINING THE

Hiſtory, Charges, Regulations, &c. of taht moſt Ancient and Right Worſhipful FRATERNITY.

For the Uſe of the LODGES.

LONDON

Printed by WILLIAM HUNTER, for JOHN SENEX at the *Globe*, and JOHN HOOKE at the *Flower-de-luce* over againſt *St. Dunſtan's Church*, in *Fleet-ſtreet.*

In the Year of Maſonry ———— 5723
Anno Domini ———— 1723

Frontispiz der Originalausgabe des Konstitutionenbuchs von Anderson, 1723 in der Londoner Fleet Street gedruckt (5723 nach dem Freimaurerkalender). Die freimaurerische Datierung hängt mit der Theorie vom alttestamentarischen Ursprung der Freimaurerei zusammen. Anderson legte diese im historischen Teil dar, der den konstitutiven Regeln vorangestellt ist.

bolwelt wesentlich. Die Bibel erzählt im *Ersten Buch der Könige* von Hiram, der über Tyrus im heutigen Libanon herrschte und Salomon mit Baumaterialien und spezialisierten Arbeitern wertvolle Hilfe beim Bau des Tempels leistete. Im *Zweiten Buch der Chronik* wird ein anderer Hiram, Sohn einer Witwe aus dem Stamm Naphtalis (die Freimaurer bezeichneten sich als »Söhne der Witwe«), vom gleichnamigen König von Tyrus anstelle des eigentlich verabredeten Getreides, der Gerste, des Öls und des Weins zu Salomon gesandt, damit er beim Bau des Tempels mitwirke. Dieser Hiram besaß die Fähigkeit, »jeden Plan zu verstehen«. Der Legende zufolge ist Hiram der Baumeister des Tempels.

Dieser Hiram inspirierte jeden Tag in der Mittagspause die Baustelle, als ihm einmal drei Maurer, die sich im fast vollendeten Tempel verborgen hatten, eine Falle stellten. Sie wollten die Preisgabe des geheimen Losungsworts erzwingen, mit dem er seinen Lohn erhielt. Er weigerte sich und wollte fliehen. Doch an jedem der drei Tempelportale lauerte einer der drei Komplizen, die ihn solange schlugen, bis er starb. Die Mörder verscharrten Hirams Leichnam unter Bauschutt; um Mitternacht holten sie ihn und begruben ihn auf einem Hügel in der Nähe. Derweil sorgte sich Salomon wegen der Abwesenheit seines Baumeisters und beauftragte fünfzehn »gute Brüder« mit

Allegorie der Geometrie auf einem Stich aus dem 16. Jh., der ihre enge Verbindung zur Baukunst hervorhebt. Mit der Berufung auf Pythagoras, die Ägypter und die Chaldäer als »Vorgeschichten der Weisheit« in der Historie der Freimaurerei soll diese Verbindung bestätigt werden.

der Suche. Aus Furcht, Hiram könnte das Geheimwort verraten haben, beschlossen sie, es durch das erste Wort zu ersetzen, das bei Hirams Wiederauffindung gesprochen würde. Zufällig entdeckten sie den Leichnam, als einer

Eines der drei monumentalen Eingangsportale zum großen äußeren Hof des Tempels Salomonis nach einer Rekonstruktion, die auf der Bibel basiert. Zwar wird das Bild des Tempels in der freimaurerischen Kultur mit dem Erbe der Bauleute, die ihn errichteten, und mehr noch mit den Freien Maurern des Mittelalters in Zusammenhang gebracht, aber das tiefgehendste, metahistorische und universelle Erbe ist doch »jenes des Menschen auf der Suche nach der Wahrheit, des homo religiosus im authentischsten Sinne« (M. Moramarco).

der Suchenden, der sich zum Ausruhen auf einen Erdhügel gesetzt hatte, bemerkte, dass die Erde dort vor Kurzem erst umgegraben worden war. Der Tote lag in einer Grube, die »sechs Fuß nach Osten, sechs Fuß nach Westen und sechs Fuß in der Tiefe« maß. Von Salomon erhielten sie den Befehl, den Körper zu holen, damit er feierlich im *Sancta Sanctorum* des Tempels beigesetzt werden könnte. Als einer der Brüder Hirams Arm packte, um ihn aus dem Graben zu ziehen, hielt er vom Knochen gelöstes Fleisch in der Hand und man hörte eine Stimme deutlich sagen: »Mac-Benac«. Das wurde zum neuen Geheimwort des Meisters, so wie sie es vereinbart hatten. Um den Körper schließlich herauszuholen, legte sich einer der Brüder auf den Leichnam und schob ihm einen Arm unter den Rücken. Auf diese Weise hob er ihn Hand an Hand, Wange an Wange, Fuß an Fuß, Knie an Knie und Hand an

Oben: Ruinen einer Tempelritterburg, Teil jenes Netzwerks von Militärbauten, die den Orden der Hospitaliter und Templer anvertraut waren, um die vier christlichen Reiche des Heiligen Landes zu verteidigen, insbesondere die Stadt Jerusalem mit dem Tempel Salomonis. Rechts: Detail des Fußbodenmosaiks der Kathedrale von Otranto, Apulien, mit einer Darstellung König Salomons.

Im Freimaurer-tempel werden die Vorstellungen von »Grenze« (die Säulen) und »Unendlichkeit« (die Himmels-kuppel, die an der Decke dargestellt ist) symbolisch dargestellt.

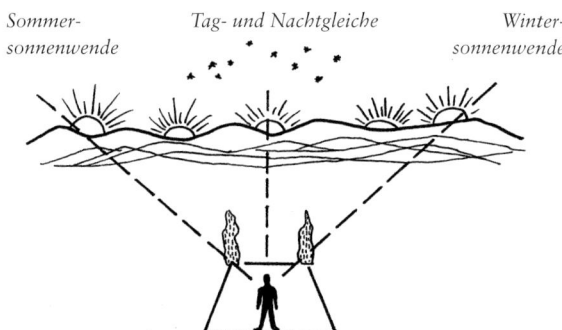

Sommer-sonnenwende   Tag- und Nachtgleiche   Winter-sonnenwende

Rücken heraus; fortan wurden diese Stellen die »fünf Meisterpunkte« genannt. Diese Legende, für die sogenannten Hochgrade durch weitere Details angereichert, dient zur Erklärung vieler freimaurerischer Rituale. Die gesamte freimaurerische und insbesondere die biblische Symbolik verbindet viele aus der operativen Tradition stammende Elemente – zum Beispiel Hiram, der sich als Baumeister seiner heiligen Aufgabe bewusst ist – mit mysteriosophischen Anklängen verschiedenen Ursprungs. So bieten der Tempel, Salomon oder auch das mächtige Bild der Jakobsleiter, das der Freimaurerei angelsächsischer Tradition lieb und teuer ist, dem Adepten auf esoterische Weise Anregungen. Das ist von der sprachlichen Deutung durch die Bibelexegeten unabhängig, die ja exoterisch, das heißt nicht initiatisch ist. A. Pike schreibt in seinem Buch *Moral and Dogma of the first Three Degrees of the Ancient and Accepted Scottish Rite Freemasonry*, im Altertum habe man geglaubt, die menschliche Seele müsse, um zu ihrem Ursprung zurückzukehren, durch sieben Sphären aufsteigen, während die Leiter sieben Ordnungen oder Stufen habe, ähnlich wie die Leiter in den Mysterien des Mithraskults, jenem Symbol für die Wissenschaft.

Auf der nächsten Seite: Die Tugendleiter, *aus einem Manuskript des 12. Jh. Hier wird eine der möglichen Bedeutungen der biblischen Vision von der Jakobsleiter dargestellt und erklärt (Genesis 28, 10–14; 16–19). Auch die englischen Freimaurer interpretieren die Stufen der Jakobsleiter als Darstellung menschlicher Tugenden, insbesondere von Glaube, Hoffnung und Caritas, das heißt die Liebe, die die Aufrichtigkeit des Glaubens beweist und die Hoffnung nährt. Aber die Jakobsleiter suggeriert auch eine »Vorstellung, die so alt wie die Menschheit selbst zu sein scheint, von einem heiligen Ort, an dem sich die Mauern und Gesetze der irdischen Welt auflösen können« (G. Campbell). In diesem Sinne ist das Symbol der Jakobsleiter verwandt mit dem Symbol des Salomonischen Tempels.*

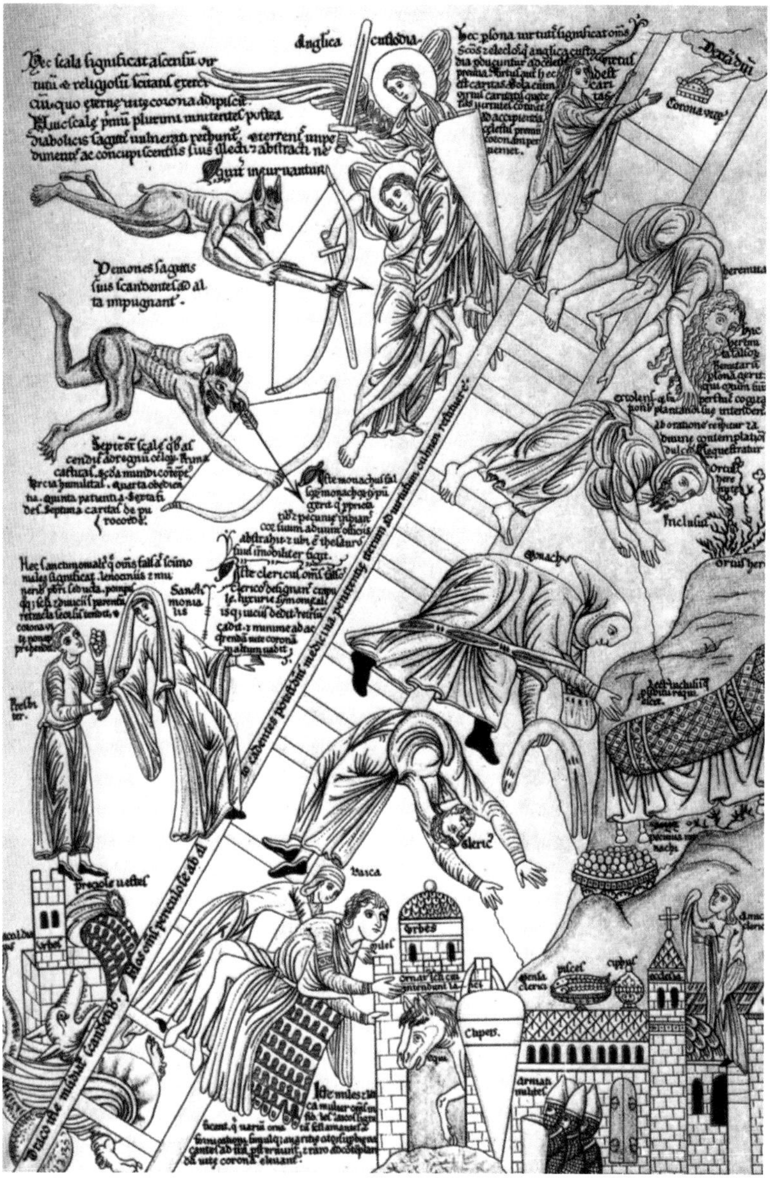

Jenseits des Ärmelkanals

Zwischen 1725 und 1730 verbreitete sich die *Free-Masonery* in Frankreich. Anfänglich nannte sie sich *Institut britannique*, wurde dann aber bald zur *Franc-Maçonnerie*, in engerer Anlehnung an den englischen Begriff. Historikern zufolge lagen die Hauptursachen für eine so wohlwollende und schnelle Aufnahme in der damals herrschenden Anglomanie, aber auch im Zauber der geheimnisvollen Aura dieser neuen Versammlungsart. Und die philanthropische Botschaft rührte die »empfindsamen Herzen«.

Es kann von einer substanziellen Oberflächlichkeit der frühen französischen Freimaurerei gesprochen werden. Da die Aufklärung im politischen und religiösen Bereich noch in weiter Ferne lag, von der Revolution ganz zu schweigen, waren die Ideologie der ersten französischen Freimaurer noch konservativ: Sie begnügten sich damit, »auf ihren Schalmeien wie bisher die Annehmlichkeiten brüderlicher Liebe und den Reiz sentimentaler Nächstenliebe zu preisen. Sie blieben loyale Diener ihres Staatsoberhauptes und übten auch weiterhin die Religion aus, in die sie hineingeboren waren« (R. Le Forestier: *Die templerische und okkultistische Freimaurerei im 18. und 19. Jh.*).

Die Franc-Maçonnerie (auf dem Bild die Versammlung in einer Loge) stand anfangs in keinerlei revolutionärem Zusammenhang, sondern war schlicht eine Modeerscheinung.

Burg von Eilean Donan in Schottland, von hier brachen 1314 die Männer von Robert Bruce zum Kampf gegen die englischen Truppen auf. Die Verknüpfung des Schottischen Ritus mit den Templern, die mit diesen Ereignissen in Verbindung gebracht wurden, beruht wahrscheinlich auf einer Legende. In diesem Zusammenhang ist vielleicht von Bedeutung, dass die Burg Anfang des 17. Jh. als Zufluchtsort für die Jakobiten diente, denen die englischen Kanonen am 10. Mai 1719 eine Niederlage beibrachten.

So überrascht es keineswegs, dass die französischen Logen den effektvollen Charakter der Initiations- und Erhebungszeremonien, das Tafeln, die Einrichtung der Versammlungsräume sowie Bräuche und Symbolik stärker betonten. Gleichzeitig nahmen sie extrem unkritisch die unterschiedlichsten Legenden über die freimaurerische »Tradition« auf. Im Vergleich zu den ursprünglichen drei englischen Stufen schwoll die Zahl neuer Grade unglaublich an: von 1745 bis etwa 1775 konnte man über hundert zählen, ohne dass sie übrigens einem einheitlichen Plan entsprochen hätten.

Den Schottischen Ritus führt man in der traditionellen freimaurerischen Literatur auf die Mutterloge von Kilwinning (eben in Schottland) zurück, die die Bauleute der dortigen gotischen Kathedralen in einer Bruderschaft zusammenfasste. Hier sollen einige aus Frankreich geflüchtete Tempelritter aufgenommen worden sein, die angeblich dem künftigen schottischen König Robert Bruce gegen Edward I. von England in der Schlacht von Bannockburn (1314) zur Seite gestanden hatten, um dann als Belohnung die Befugnis zur höchsten Kontrolle über die besagte Loge zu erhalten. Das Überleben dieser alten Form der *Free-Masonry* bis ins 18. Jahrhundert soll die nicht gesicherte mystisch-hermetische Tradition der Rosenkreuzer gewährleistet haben (*siehe* S. 12–13).

Aber unter den – auch freimaurerischen – Historikern herrscht die Überzeugung vor, dass das Attribut »schottisch« nichts mit dem geografischen Kontext zu tun hat. Einige sehen einen Zusammenhang mit der Nationalität von André-Michel de Ramsay (1686–1743),

Die »Kreuzzug-Vergangenheit« der Freimaurerei

»Zur Zeit der Kreuzzüge nach Palästina vereinten sich mehrere Fürsten, Adelige und Bürger und taten ein Gelübde, die christlichen Kirchen im heiligen Lande wiederherzustellen und sich zu bemühen, die Bauart derselben auf ihre erste Einrichtung zurückzuführen. Sie verständigten sich über mehrere alte Zeichen und aus der Religion entnommene Symbolworte, um sich daran vor den Ungläubigen und Sarazenen zu erkennen [...]. Einige Zeit nachher verband sich unser Orden aufs Engste mit den Rittern des Heiligen Johannes von Jerusalem. Seit dieser Zeit tragen alle unsere Logen den Namen Logen des heiligen Johannes [...]. Die Könige, Fürsten und Herren errichteten bei der Rückkehr in ihre Staaten verschiedene Logen. Zur Zeit der letzten Kreuzzüge sah man schon mehrere Logen in Italien, in Spanien, in Frankreich und von da aus in Schottland, wegen der engen Verbindung der Schotten mit den Franzosen.«

André-Michel de Ramsay

der nach Frankreich übergesiedelt und »Großredner der Großloge« geworden war, übrigens ein von der französischen Freimaurerei eingeführtes Amt, das es in England nicht gab. Anlässlich einer Begegnung zwischen den Vertretern verschiedener Logen am 21. März 1737 bereitete Ramsay eine Rede vor, die nach ihrer Veröffentlichung auf große Resonanz stoßen sollte, auch wenn sie damals gar nicht gehalten wurde. Ramsay schlug nicht, wie viele glauben, die Schaffung zusätzlicher Grade vor, er beschränkte sich auf die Behauptung, die Schottische Freimaurerei sei an Reinheit der Tradition allen anderen überlegen. Genau das sollte das Auftreten der bereits existierenden Schottischen Meister noch stärken, »die an Zahl wuchsen, weil sie sich Rechte anmaßten, die ihnen andere Freimaurer gar nicht zuerkennen wollten, und die begannen, sich in Versammlungen separat von den normalen Logen zu treffen.

Dort arbeiteten sie Reformpläne aus, die zur Schaffung der höheren Grade führten. Sei es aufgrund einer besseren Deutung des freimaurerischen Konzeptes, sei es wegen der Notwendigkeit, eine schrecklich nivellierende Flut um jeden Preis einzudämmen, sei es auch aus Ehrgeiz und aus dem Wunsch heraus, sich zu unterscheiden [...], sicher ist, dass die Idee auf große Zustimmung stieß« (U. Gorel Porciatti: *Simbologia Massonica. Gradi Scozzesi*). Wo auch immer der Ursprung des Attributs »schottisch« zu suchen ist, die Gepflogenheit, ein freimaurerisches System, das Hochgrade über die ersten drei, allen Riten gemeinsamen Grade hinaus vorsieht, »schottisch« zu nennen, setzte sich bald durch und gilt auch noch heute.

Ramsay war sich sehr wahrscheinlich nicht bewusst, dass sein *Discours* tief greifende Folgen für die kontinentale Freimaurerei hatte. Sein erklärtes Ziel

Der Kardinal André-Hercule de Fleury (1653–1743), Premierminister Ludwigs XV. In der Hoffnung, den Verdacht der politisch Mächtigen und der Kirche gegen die noch junge französische Freimaurerei zu zerstreuen, unterbreitete Ramsay ihm den Text des Discours, *den er am 21. März 1737 auf einem Freimaurertreffen vortragen wollte. Doch der Kardinal brachte Ramsay davon ab, seine Rede zu halten, und einige Tage später untersagte er generell die Aktivitäten von Freimaurerlogen in Frankreich.*

war eine »große intellektuelle Nation«, eine universale Bruderschaft auserwählter Geister, die Weise und Künstler vereinen sollte. Aber das ethische Modell, dessen er sich bediente, um das Porträt eines idealen Freimaurers zu zeichnen, war seinem Wesen nach nicht mehr das des »mittelalterlichen freien Maurers«, sondern das des Ritters. Nicht mehr das Arbeitsumfeld der gotischen Dombauhütte war maßgebend, sondern der Kreuzfahrer, der einer religiösen Aufgabe treu mit seiner Waffe diente. Ramsay meinte, der Name *Free-Masons* dürfe von den Brüdern nicht »im buchstäblichen, groben und materiellen Sinne« verstanden werden, »als wenn unsere Stifter einfache Steinarbeiter gewesen wären oder nur Kunstliebhaber, welche die Künste vervollkommnen wollten«, oder »nur geschickte Architekten, welche ihre Fähigkeiten und ihre Güter zur Erbauung äußerer Tempel darbringen wollten«. Die wahren Gründer der Freimaurerei waren nach Ramsay »fromme und kriegerische Fürsten«, die gemäß der vom Apostel Paulus gegebenen Definition des wahren Christen »die lebendigen Tempel des Höchsten erleuchten, erbauen und schützen wollten«.

Faszinierend war auch das exotische Milieu, der geheimnisvolle Orient, Ägypten, wo die Freimaurerei ihren Anfang genommen habe und Jahrhunderte lang durch die okkultistische Traditionen eifersüchtig bewacht und bewahrt worden sei. Die Lehren und Symbole der freimaurerischen Hochgrade weisen ab etwa 1760 mehr oder weniger explizite Anspielungen auf die verschiedenen Geheimwissenschaften auf. Dies reichte von der Magie über die Geometrie bis zur heiligen Arithmetik, von der Kabbala bis zur Alchemie. Von Frankreich aus verbreitete sich der Schottische Ritus dann über ganz Europa.

33

Verbreitung

In der Geschichte der modernen Freimaurerei lassen sich mit Blick auf die
Lehre zwei Tendenzen erkennen. Die
eine Strömung war von einem un-
dogmatischen Christentum inspiriert
sowie dem Vertrauen in die Vernunft
und in die Macht des Denkens als
Mittel zur Veredelung des Menschen.
Sie hielt an einem durch Nächstenliebe
geprägten Verhalten und der Überzeugung fest, die bürgerliche Gemeinschaft sei durch eine »aufgeklärte«
Handhabung der Staatsmacht zur Vervollkommnung fähig. Die zweite
Strömung hingegen tendierte dazu, der
spiritualistischen und initiatischen
Komponente des Ordens, der esoterischen Tradition und dem elitären
Aspekt mehr Gewicht zu verleihen. Auf
diese zweite Strömung lassen sich die
Hochgrade zurückführen.

Im nächsten Teil des Buches sollen die
Schicksale dieser beiden Stränge im historischen Kontext behandelt werden.
Zuvor muss aber noch betrachtet werden, wann und wo der Orden außerhalb Englands Fuß fasste.
Die Großloge von London, die einge-
sehen hatte, dass der Zersplitterung ent-
gegengewirkt und einheitliche Logen-
statue und -symbole geschaffen werden
müssten, stieß in Irland (1725) und
Schottland (1736) bald auf Resonanz.
Inzwischen war 1730 die Freimaurerei
in Indien angelangt, während in Amerika 1733 die erste »reguläre« Loge gegründet wurde. Auf dem europäischen
Festland gab es außer in Frankreich
Logen in Österreich (1727), Russland
(1731), Holland (1734) und Sachsen
(1738). In Italien entstanden seit 1730
Logen in vielen größeren Städten.

*Ein »klassisches«
Bild vom Initia-
tionsritus eines
Neophyten bzw.
Neuaufgenom-
menen.*

*Ignaz von Loyola, der Begründer des Jesu-
itenordens. Im Gegensatz zu dem, was die
meisten glauben, förderten die Jesuiten,
anders als die Dominikaner, offene und fort-
schrittliche Ideen auf wissenschaftlichem
Gebiet. Ihre Vorsichtsmaßnahmen entsprang-
gen Befürchtungen »universalistischer«
Natur (sie waren unter anderem außergewöhnliche Missionare), da sie in der katholischen Kirche die einzige Körperschaft
sahen, die in der Lage war, dem religiösen
Zerfall, der Krise der traditionellen politischen Institutionen sowie der sozialen
Instabilität entgegenzutreten, die Europa
von der protestantischen Reformation bis
zum sogenannten »aufgeklärten Despo-
tismus« des 18. Jh. prägten.*

Bis 1740 wurde die Vormachtstellung
der Londoner Großloge kaum in Frage
gestellt. Erst die Entwicklung der
französischen Freimaurerei ließ in der
weltweiten Organisation unterschiedliche Riten und ideologische Ansätze
aufkommen, sodass die Einheit der
Freimaurerei zerbrach. Das hing auch
mit der Verbreitung des Schottischen
Ritus zusammen (*siehe* S. 31–33). Einige Wissenschaftler sahen darin einen
»Störversuch« der Jesuiten. Diese hätten versucht, die Hochgrade auf eine
der operativen Tradition fremde Art
umzugestalten, um auf diese Weise
Kontrolle über den Orden zu erlangen.
Diese These fand noch in jüngerer Zeit
Anhänger (C. Francovich: *Storia della
Massoneria in Italia dalle origini alla
rivoluzione francese*, Florenz 1974). In
diesem Zusammenhang wird behauptet, Ramsay selbst sei durch die

Jesuiten instrumentalisiert worden. Ob
die Jesuiten in der zweiten Hälfte des
achtzehnten Jahrhunderts bei den Geschehnissen im Orden eine Rolle gespielt haben oder nicht, sei dahinge-
stellt. Die von den Logen praktizierte
Toleranz für unterschiedliche Konfessionen stieß in katholischen Ländern
aber eindeutig auf den Widerstand der
Kirche.

Freimaurerei, Staat und Kirche

Ramsays *Discours* (*siehe* S. 31–33) berichtet nicht nur von den Veränderungen, die sich in der Freimaurerei vollzogen, als diese sich von England aus auf dem Kontinent verbreitete, er offenbart auch, dass jene Logen, die in einem absolutistischen und katholischen Klima arbeiteten, eine Formel für das Zusammenleben mit der jeweiligen Macht finden mussten. Ein konkretes Beispiel verdeutlicht diese Problematik.

Johann Coustos, Abkömmling einer nach Frankreich emigrierten protestantischen Familie von Goldschmieden und Edelsteinschneidern Schweizer Ursprungs, hatte 1736 in Paris eine Loge gegründet, die seinen Namen trug. Später nach Portugal übergesiedelt, wurde er 1743 wegen seiner freimaurerischen Aktivitäten von der Inquisition verhaftet und zur Galeere verurteilt. Auf diplomatischen Weg erreichte die englische Regierung ein Jahr später

Exkommunikation und Inquisition

Das Motiv für die Stellungnahmen der kirchlichen Obrigkeit gegenüber der Freimaurerei (Päpstliche Bulle In Eminenti, *1738, und* Providas, *1751) dürfte in beiden Fällen politischer Natur gewesen sein. Franz III. Herzog von Lothringen, der spätere Kaiser Franz I. Stephan und Gemahl Maria Theresias, seit Kurzem Großherzog von Toskana, wurde bereits 1731 in England in eine Freimaurerloge aufgenommen. Er war ein Gegner kirchlicher Einmischung in Angelegenheiten des Staates. Anlass zu einer ersten Auseinandersetzung bot der großherzogliche Entschluss, eine Kongregation für die Armen einzusetzen, ohne auf die Bedingungen des Papsts einzugehen. Eine zweite Gelegenheit lieferte das Edikt zur Einschränkung kirchlichen Grundbesitzes und geistlicher Pfründe. Die Überzeugung, solche Anordnungen seien der Existenz einer antipäpstlichen Partei zu verdanken, die sich in einer Freimaurerloge eingenistet habe, führte zum dem*

Entschluss, die Inquisition einzuschalten.

Das Inquisitionsgericht konnte eigentlich nur in Fällen von Ketzerei einschreiten. Von daher arbeitete man daran, die Freimaurerei wegen der Verbreitung deistischer und freidenkerischer Thesen zu verurteilen. Die Wirkung der päpstlichen Bullen hatte aber keine Niederlage der Freimaurerei zur Folge, sondern eher die Verwandlung einer Art Brauchtum in ein politisches Phänomen. Die antifreimaurerische Offensive, die sich einer unendlichen Reihe von Texten, Broschüren, Schmähschriften, Anschuldigungen und Unwahrheiten bediente, führte nicht zum Verschwinden oder zur Verringerung der Logen, sondern bot im Gegenteil der Freimaurerei die Gelegenheit, ihre eigene Rolle und ihre Grundsätze neu zu definieren, indem sie den Wert der Toleranz und das Ziel einer Erneuerung des Menschen und der Vervollkommnung der bürgerlichen Tugenden bekräftigte.

Paris, Invalidendom. Im Auftrag des Sonnenkönigs Ludwigs XIV. errichtet, dokumentiert er die Förderung der Kunst zum Ruhme des Herrschers. In Zusammenhang damit steht auch die Tatsache, dass sich die französische Freimaurerei auf eine vornehme und ritterliche Vergangenheit berief und ein immer stärkeres Interesse daran hatte, Mitglieder der Aristokratie in ihren Reihen aufzunehmen. Wie L. Sessa (L'evoluzione della Massoneria) schreibt: »Die adelige Schicht zur Zeit Ludwigs XV., die sich verzweifelt an den Pomp klammerte, mit dem in der goldenen Ära des Sonnenkönigs gefeiert worden war, hätte keinerlei Anregung oder Faszination für eine Berufsvereinigung verspürt, die im Wesentlichen auf der Emanzipation des Menschen durch die Arbeit basierte, denn diese Schicht betrachtete Arbeit als schwächende, entehrende Tätigkeit, die die unteren Klassen unterschied, insbesondere das niedere Volk.«

seine Freilassung und Coustos konnte nach London gehen, wo er seine Memoiren veröffentlichte. In der Leitung der Pariser Loge war ihm 1737 der Herzog von Villeroy nachgefolgt, ein Adeliger, der die Gunst Ludwigs XV. genoss (die Loge nannte sich nun Coustos-Villeroy). Diese Geschichte macht nicht nur deutlich, dass die Freimaurer in katholischen Ländern immer noch mit der Inquisition zu rechnen hatten, sondern auch, dass sich die gesellschaftliche Herkunft der Mitglieder von Freimaurerlogen zu verändern begann, indem an die Stelle der traditionellen Zünfte von Künstlern und Handwerkern die Aristokratie trat. So gesehen wird die Neudeutung des sagenumwobenen Hintergrunds der Ursprünge der Freimaurerei verständlich,

Der »unsterbliche« Graf von Saint-Germain, der im 18. Jh. behauptete, das Elixier des Lebens entdeckt zu haben.

denn eine Berufung auf die Kreuzritter verlieh dem Orden mehr Ansehen und sollte ihm zugleich das Wohlwollen der katholischen Kirche und der französischen Monarchie sichern, die zur Zeit der Kreuzzüge ja Verbündete gewesen waren.

Erfolgreich war das aber nur hinsichtlich der Einbindung der Aristokratie. So bekleidete 1738 der Herzog von Antin das Amt des Großmeisters, das ab 1743 über zwanzig Jahre hindurch der Graf von Clermont innehatte, der gleich im ersten Jahr die Großloge von Frankreich gründete (*l'Anglaise* genannt), die den Niedergang der »stuartistischen« und katholischen Strömung in der französischen Freimaurerei einleitete. Die Kirche hingegen revidierte ihre Haltung nicht, sondern verschärfte sie sogar noch. Bereits Kardinal de Fleury, Premierminister Ludwigs XV., hatte Ramsay (*siehe* S. 31–33) seine Unterstützung versagt und ihn angewiesen,

seinen freimaurerischen Aktivitäten zu entsagen. (Tatsächlich ist in Ramsays letzten sechs Lebensjahren über eine aktive Rolle nichts mehr bekannt.) Darüber hinaus verbot der Kardinal die Tätigkeit der Freimaurerlogen in Frankreich. Papst Clemens XII. schließlich drohte 1738 mit der Bulle *In Eminenti* allen Freimaurern mit der Exkommunikation. Besonders die ambivalente Position der Logen gegenüber der Offenbarung verurteilte er als inakzeptabel. Auch wenn diese Initiative praktisch ohne Auswirkungen blieb, die »stuartistische« Strömung schwächte sie doch. Und durch die offizielle Stellungnahme der Kirche in Rom entstand eine deutlich antifreimaurerische Haltung. In Frankreich entschied sich die Kirche, die sich von Rom unabhängig gemacht hatte, anders. Hier »kontrollierte« man die Logen, deren Großmeister sogar dazu aufriefen, die Messe zu besuchen.

Gegen die Mitte des 18. Jh. hatte die Freimaurerei immer mehr Kontakte zu esoterischen Strömungen, die gar nicht zu ihr gehörten (oben: Der Baum der hermetischen Philosophie).

Aufklärung und Freimaurerei

In der zweiten Hälfte des 18. Jahrhunderts war die Aufklärung die intellektuelle Bewegung mit der größten Tragweite und geografischen Ausdehnung. Der Begriff enthält in verschiedenen Sprachen (deutsch, englisch, französisch, italienisch, spanisch) eine Lichtmetaphorik. So sollte das Wesen eines Gedankens zum Ausdruck kommen, dessen Ziel es war, die Finsternis der Unwissenheit und der Vorurteile zu erhellen. Die Vernunft sollte zum Wohle des Einzelnen wie der Gemeinschaft konstruktiv eingesetzt werden.

Aufklärung und Freimaurerei entwickelten sich zur selben Zeit und ihre geografische Verbreitung verlief in ähnliche Richtungen. Der Ursprung der Aufklärung lag in England, wo sich im Jahrhundert zuvor die empiristische Philosophie und die neue Wissenschaft durchgesetzt hatten. Ihre starke Verbreitung ging hingegen von Frankreich aus, von dort überrollte sie dann das östliche Europa. Die mediterranen Länder betraf sie nur teilweise, da sie dort mit der katholischen Kirche zu rechnen hatte.

Vor allem in Frankreich boten Freimaurerlogen wie Salons, wo die gleichen Persönlichkeiten verkehrten, Gelegenheit, Intellektuelle und Staatslenker zusammenzubringen, was eine Verbreitung der neuen Ideen begünstigte. Die bedeutendsten französischen Aufklärer wie Voltaire (1694–1778), D. Diderot

François-Marie Arouet de Voltaire (1694–1778), der eindrucksvollste Vertreter der französischen Aufklärung, verkörpert auch einen Typus des Freimaurers in der zweiten Hälfte des 18. Jh. Als herausragend »konstruktiver« Geist bewies er eine außergewöhnliche »Fähigkeit, sich konkret in die in Entwicklung begriffenen Situationen hineinzuversetzen, sich der Umstände, die sich ändern, bewusst zu sein und die Richtungen zu nutzen, die sich in den politischen Beziehungen ebenso wie in den theoretischen Reflexionen abzeichnen« (P. Alatri).

(1713–1784) oder M.-J. Caritat, Mar–quis von Condorcet (1743–1794) waren Freimaurer. Und so auch der Großteil der Gäste im Salon von Madame Helvétius, die nach dem Tode ihres Gemahls, eines Philosophen der sensualistischen Richtung, in Auteuil regelmäßig dessen geistige Erben um sich versammelte. Diese, »Ideologen« genannt (weil sie nach dem Ursprung der Ideen forschten), hatten enge Kontakte zu Benjamin Franklin (1706–1790). Er war das Vorbild eines Mannes der Wissenschaft, der nicht verschmähte, einer politisch »gerechten Sache« zu folgen: dem Kampf der Vereinigten Staaten für die Unabhängigkeit von England. So kam es, dass die sogenannten »Ideologen« die Französische Revolution unterstützten, aber wie die Girondisten durch Robespierre und die Jakobiner eine Niederlage erlitten. In der Geschichte der Freimaurerei war dies die weitesgehende Öffnung des Ordens nach außen, bevor er sich, was die Beziehungen zur Politik betrifft, definitiv in Schweigen hüllte. So preist *Esquisse d'un tableau historique des progrès de l'esprit humain* von Condorcet (1793–1794) die Revolution, obwohl der Autor es auf der Flucht schrieb, nachdem der Konvent seine Verhaftung befohlen hatte (er wurde am 14. Mai 1794 gefangen genommen und brachte sich anschließend in seiner Zelle um). Ein solches Werk ist aber unvereinbar mit der »Diskretion«, die die Freimaurerei als Institution fortan beim Thema Politik wahren sollte.

Auch war den Aufklärern nicht nur die Verantwortung für die Französische Revolution in die Schuhe geschoben worden, sondern auch für deren blutige Folgen und insbesondere für die Schreckensherrschaft. Und die »Verschwörungstheorie« sah auch die Freimaurer am Werk, was diese in eine Verteidigungshaltung drängte.

Wie fast alle französische Aufklärer waren auch Diderot und d'Alembert Freimaurer (hier das Frontispiz der Encyclopédie *mit der Apotheose der Wissenschaften).*

Die »nationalen« Logen

Anfangs war die Freimaurerei ein englisches Phänomen und bald Teil der Sozialstruktur des Landes, weil sie aufgrund ihres uralten Ursprungs, des hohen gesellschaftlichen Stands ihrer Mitglieder und des Schutzes, den ihr die Politik gewährte, ein durchaus anziehendes Modell darstellte. Das verbreitete sich auch sehr bald auf dem Kontinent, allerdings weit weniger gradlinig als das britannische Vorbild. Als die Werkmaurerei zugunsten der spekulativen Freimaurerei aufgegeben wurde, führte dies nämlich zu Überlagerungen mit anderen hermetischen Lehren. Darüber hinaus sollte in der zweiten Hälfte des 18. Jahrhunderts die eher »politische« Entscheidung für eine nach Staaten organisierte, engmaschige Verbreitung nationaler Logen treten. So hatten beispielsweise in der Republik der Sieben Vereinigten Provinzen der Niederlande die ersten Logen um die Wende vom 17. zum 18. Jahrhundert nach Schottischem Ritus gearbeitet. Bald jedoch setzte sich der Einfluss der Großloge von London durch und es entstanden Logen nach Englischem Ritus, wo man Vertreter der Orangisten (die für eine Restauration des Fürstenhauses waren) empfing und sich für Newtons Wissenschaft und freidenkerische Schriften interessierte. Die von der Regierung misstrauisch beäugte Freimaurerei erfuhr mit ihrer immer größeren Verbreitung insofern eine Wandlung, als dass sie ihre Adepten vermehrt unter Offizieren gewann. Die »Militärlogen« wurden zu einem Phänomen, das mit der Zeit auch außerhalb der niederländischen Grenzen Verbreitung fand, um bis heute fortzudauern. Nach der Restauration der Oranier gründeten die niederländischen Freimaurer 1756 die Groote Nationale Loge, die erste von London unabhän-

Unter den kulturellen Aktivitäten der Freimaurer im Habsburgerreich sind zahlreiche verlegerische Initiativen hervorzuheben (hier eine Buchhandlung in Lüttich).

Katharinas II. verhielt sich den Freimaurern gegenüber nicht eindeutig.

gige Großloge. Auf der iberischen Halbinsel hatte die Freimaurerei vor allem in Spanien einen schweren Stand. Das ganze 18. Jahrhundert hindurch nahmen die Probleme mit der Inquisition nicht ab. Zusätzlich zu den päpstlichen Verurteilungen gab es ein Herrscherdekret gegen die Logen, die als Keimzellen der Subversivität betrachtet wurden. Im nahen Portugal jedoch waren Herrscher und Regierung der Freimaurerei mit der Zeit immer günstiger gesinnt.

In Russland erlebte die Freimaurerei unter der Regierung Katharinas II. (1762–1796) eine Blüte, was auch an den intensiveren Beziehungen zum übrigen Europa lag. Der Hauptorganisator des freimaurerischen Systems in Russland, der die Logen nach Englischem Ritus mit den Logen der Strikten Observanz vereinigen konnte (*siehe* S. 52), war sogar Staatssekretär im Dienste der Zarin. Besonders in Sankt Petersburg hatten die Logen nach Schwedischer Lehrart (mit mystischen und Templerritualen) freie Hand und stellten eine Form der geheimen Opposition gegen die Regierung dar. Politiker und Intellektuelle wurden Freimaurer und zahlreiche Initiativen versuchten, das Land zu »europäisieren«, bis diese Bestrebungen mit der Innen- und Außenpolitik Katharinas II.

kollidierten, sodass alle Logen für illegal erklärt und geschlossen wurden. In den von den katholischen Habsburgern beherrschten Gebieten war den Logen ein öffentliches Wirken untersagt. Mit der Thronbesteigung Josephs II. (1780–1790) erlebte die österreichische Freimaurerei jedoch einen »Frühling«: Es entstanden wissenschaftliche Zirkel und verlegerische Initiativen, bedeutende Persönlichkeiten und Künstler wurden Mitglieder. In der darauffolgenden Zeit fand eine Reorganisierung der Logen auf nationaler Basis statt, in die zahlreiche Staatsbeamte eingebunden waren. So erließ der Kaiser schließlich im Jahr 1785, vielleicht infolge der Ereignisse um die Illuminaten (*siehe* S. 46–49), oder weil die Logen durch ihre Verbreitung nunmehr ein Instrument darstellten, das politischen Druck ausüben konnte, das sogenannte »Freimaurerpatent«. Fortan waren Freimaurerorganisationen legal, aber anderseits wurden ihre Mitglieder registriert und genauestens kontrolliert.

Die Logen in Italien

Im aus vielen Staaten bestehenden Italien war die Organisation einer »nationalen« Freimaurerei unmöglich. Dennoch verbreitete sich die Freimaurerei auch in den italienischen Kleinstaaten (selbstverständlich mit Ausnahme des Kirchenstaates). Sie stand oft unter dem Schutz von Herrschern wie dem toskanischen Großherzog Franz von Lothringen oder Viktor Amadeus von Savoyen.

Die ersten Logen im Königreich Neapel waren Militärlogen. Später standen zwei Strömungen einander gegenüber, eine hermetisch-spiritualistische und eine rationalistische. Zum Großmeister der neapolitanischen Loge wurde Raimondo di Sangro, Fürst von Sansevero ernannt. In seiner 1750 veröffentlichten *Lettera apologetica* stellte der Fürst nicht nur die Merkmale des freimaurerischen Gedankenguts und seiner Beziehungen zur Kabbala dar, sondern dachte auch über eine neue politische Rolle der Freimaurerei nach. Sie sollte Adelige, Militärpersonen und Richter vereinen, um den Staat gegen die politische Einmischung der Kirche zu stärken, die im Königreich Neapel wieder die Inquisition einführen wollte. Die Kirche setzte die *Lettera apologetica* auf den Index, wodurch jede Tätigkeit der Freimaurerei auf Jahre blockiert wurde. Ab 1763 wurde die freimaurerische Aktivität wieder intensiv aufgenommen und sah sich von Neuem mit der Gegensätzlichkeit zweier Strömungen konfrontiert. Die eine, aristokratische, stand dem Schottischen Ritus nahe und wurde von der Königin Maria Carolina protegiert, die später bedeutende kulturelle Institutionen wie die Königliche Akademie der Wissenschaften ins Leben rufen sollte. Die andere, dem Englischen Ritus verbundene Richtung war

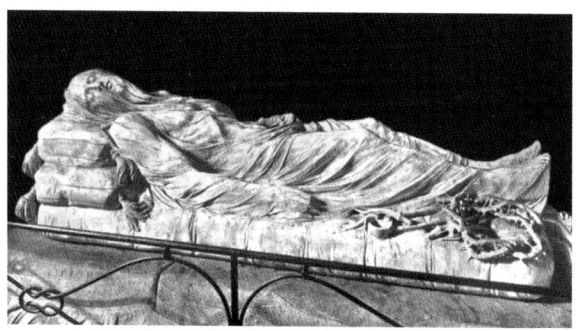

Der Verschleierte Christus *in der* Cappella Sansevero *in Neapel. Der Fürst von Sansevero ließ die Familienkapelle völlig »umbauen«, um daraus einen Freimaurertempel zu machen.*

*Der Markusplatz
von Venedig, auf
einem Gemälde L.
Carlevaris'. Zu den
kuriosesten Werken
mit Bezug auf die
venezianische Frei-
maurerei gehört
eine Komödie von
C. Goldoni, Die
neugierigen Frauen
von 1753, die von
einer Damenloge,
einer sogenannten
»Adoptivloge«
handelt.*

mehr an neuen Formen der Politik interessiert. Die Kontakte mit den Theorien der bayrischen Illuminaten (*siehe* S. 46–49) sollten einen Teil der neapolitanischen Freimaurerei radikalisieren und eine bedeutende Rolle beim Ausbruch der Aufstände von 1799 spielen.

In Norditalien verbreitete sich die Freimaurerei relativ spät. In der damals habsburgischen Lombardei hatte die Loge von Cremona die größte Bedeutung, was ihrem Organisator, dem Abt Bianchi zu verdanken war, dem es gelang, Beziehungen zum kulturell fortschrittlichsten Flügel der europäischen und nordamerikanischen Freimaurerei zu knüpfen.

Im Königreich Sardinien dominierte das Modell der Militärlogen. Mit der Thronbesteigung von Viktor Amadeus III., seit seiner Jugend ein Beschützer der Logen, erreichte die piemontesische Freimaurerei einen großen Handlungsspielraum und eine noch nie da gewesene Präsenz sowie einen großen Einfluss im In- und Ausland.

In Venedig schließlich verbreitete sich die Freimaurerei auf systematische Weise erst spät, auch wenn sich die bedeutendsten Persönlichkeiten des damaligen Geisteslebens (z. B. Goldoni, Gozzi und Casanova) für sie interessierten. Die Schaffung einer örtlichen Gruppierung nach dem Ritus der Strikten Observanz war nur von kurzer Dauer. Der Versuch, als Gemeinschaft zur Reform des Staates politischen Druck auszuüben, hatte die Schließung sämtlicher Logen zur Folge.

Die bayrischen Illuminaten

Der »Fall« der bayrischen Illuminaten stützte die Behauptung, die Freimaurer wären für den Ausbruch der Französischen Revolution verantwortlich. Dieser Orden, für die freimaurerische Historiografie die »vielleicht erste große politische Abweichung der Freimaurerei« (M. Moramarco), wurde 1776 in Ingolstadt von Adam Weishaupt gegründet, der dort Professor für kanonisches Recht war. Obwohl Weishaupt das Jesuitenkolleg besucht hatte, war in ihm ein heftiger Antikleri-

kalismus herangereift, den er aber nicht offen zeigen konnte, um nicht seinen Lehrstuhl zu verlieren. Dies und seine Leidenschaft für rituelle Initiationen sowie der Traum, eine auf Frei-

Goethe in der Campagna *von J. H. W. Tischbein (1786). Angesichts seines intellektuellen Formats und der Tiefe seiner Gedanken mutet es eigenartig an, dass Goethe, als er dem bayerischen Illuminatenorden beitrat, nicht gewusst haben soll, ob es sich nun um ein utopisches humanitäres Projekt handelte oder um einen konkreten Plan, der auf politische Umwälzungen abzielte.*

Der Antijesuitismus war ein Phänomen des 18. Jh., das vor allem unter den Intellektuellen immer stärker auftrat. Ein Beispiel dafür ist dieser Stich, der den Baum der Gesellschaft Jesu darstellt, umgeben von einer antiklerikalen Schrift. Einige Wissenschaftler nahmen an, die Jesuiten hätten versucht, die Freimaurerei zu infiltrieren und zu kontrollieren.

heit, Gütergemeinschaft und Kosmopolitismus begründete Gesellschaft aufzubauen, waren wahrscheinlich die Gründe, die ihn bewogen, eine Geheimgesellschaft ins Leben zu rufen. An der freimaurerischen Organisation schätzte er das Vorgehen in Graden oder Stufen, was auch seinen Orden prägte. Auf eine Vorbereitungsklasse (Novize, Minerval, Illuminatus minor) folgte eine zweite, aus freimaurerischen Graden bestehende Klasse (Lehrling, Geselle, Meister, Illuminatus maior oder Schottischer Novize und Illuminatus dirigens oder Schottischer Ritter). Die Spitze wurde von einer Klasse gebildet, die die Mysterien lehren sollte (Priester, Regent, Prinzeps, Magus/Philosophus und Rex/Doctus). Wahrscheinlich hat sich Weishaupt für die Definition und die

»Inhalte« der Grade der Mitarbeit des Freiherrn Adolf von Knigge bedient, der den Illuminaten beigetreten war, nachdem er in der Freimaurerei nach Schottischem Ritus die höchsten Grade erlangt hatte. Später entzweiten sich die beiden, weil Knigge dem Katholizismus treu blieb, auch wenn er Weishaupts Radikalität in sozialer Hinsicht teilte. Knigge hatte sich bereits an einem Versuch der Reformation der Strikten Observanz beteiligt (*siehe* S. 52). Diese streng hierarchische Organisation sah sich als Bewahrerin der Templertradition, mit dem Ziel, einen den Malteserrittern ähnlichen Staat zur Rettung des Christentums zu bilden. Knigge wollte wohl der Strikten Observanz durch den Kontakt mit den Illuminaten eine neue Richtung geben, durch die freimaurerische Utopien zu realen politischen Reformen führen sollten, um Europa vom zwiefachen Joch der katholischen Kirche und dem *Ancien Régime* zu befreien.

Der sehr erfolgreiche Illuminatenorden konnte sogar Persönlichkeiten wie Goethe und hochrangige deutsche Aristokraten in seinen Reihen begrüßen. Während die einen ausschließen, dass die Mitglieder des Ordens, auch an den höchsten Spitzen der Hierarchie, je irgendeinem konkreten kurzfristigen politischen Projekt folgten und über einen revolutionären Utopismus, der vom Mythos des »edlen Wilden« beseelt war, hinausgingen, unterstützten andere noch in jüngerer Zeit die These eines umstürzlerischen Plans. So behauptet der französische Autor S. Hutin mit Entschiedenheit, Weishaupt habe sich angesichts der Missbräuche und Ungerechtigkeiten der Gesellschaft seiner Zeit nicht darauf beschränkt, von einer Änderung zu träumen, sondern beschlossen, ein Komplott zur völligen Erneuerung der Welt zu organisieren. Dafür habe es nur einen Weg gegeben, nämlich die systematische Ausbildung von Agitatoren. Zu diesem Zweck habe man eine mächtige Geheimgesellschaft gründen müssen, die Schritt für Schritt die gesamte Freimaurerei durchsetzen konnte (*Unsichtbare Herrscher und geheime Gesellschaften*, Bonn 1973). Tatsache ist, dass die bayrische Polizei zufällig den Iluminatenorden betreffende Geheimpapiere fand, diesen für illegal erklärte und seine Aufhebung verfügte, wobei Weishaupt 1785 in Abwesenheit zum Tode verurteilt wurde. Dieser war nach Gotha geflüchtet und blieb dort bis zu seinem Tode im Jahr 1830 als untadeliger Hauslehrer des jüngeren Sohnes des regierenden Herzogs. Die Geschichte von den bayrischen Illuminaten erregte überall enormes Aufsehen, was die Freimaurerei in ihrer Gesamtheit in Verruf brachte. Die »Verschwörungstheorie« gelangte auch schnell in die Vereinigten Staaten, wo aber George Washington als Freimaurer und Politiker die Freimaurerei verteidigte.

George Washington (1732–1799), von 1789–1797 Präsident der Vereinigten Staaten, war
überzeugter Freimaurer. Er wurde 1752 in der Fredericksburg Lodge No. 4 in Virginia aufgenommen und am 4. August 1753 Meister. Hier ist er mit den freimaurerischen Insignien
dargestellt. Rundherum entfalten sich Bilder, die mit der Freimaurerei zusammenhängen.
In den Rundbildern oben kann man die Porträts von Lafayette und Jackson sehen. So wie
Washington gab es noch viele Freimaurer, die das höchste politische Amt des Landes
bekleideten.

Die »Rache« der Freimaurer

Bei der Theorie von einem Komplott, das im Fall der bayrischen Illuminaten (*siehe* S. 46–49) erfolgreich vereitelt worden und durch den Verlauf der Französischen Revolution »augenfäl-

lig« geworden sei, spielte die reaktionäre Publizistik eine wichtige Rolle. Deren typischste Vertreter waren der radikale, während der Schreckensherrschaft inhaftierte Louis Cadet de Gassicourt sowie der in England im Exil weilende Jesuit Augustin de Barruel. Cadet de Gassicourt behauptete in *Le tombeau de Jacques Molay*, der Templerorden, dessen Erbe die Freimaurerei an-

Die »gerechte Rache« des Jacques de Molay, die die Freimaurerei an Ludwig XVI. verübte: Illustration der antifreimaurerischen Schrift von L. C. de Gassicourt für den Essay Le tombeau de Jaques Molay ou Histoire secrète des initiés anciens et modernes, templiers, francs maçons, illuminés et recherche sur leur influence dans la revolution française, *Paris 1797.*

getreten habe, bilde das erste Glied einer Kette von Verschwörern, die ununterbrochen bis zum Sturm auf die Bastille tätig gewesen seien. Barruel ging noch weiter: In seinen *Mémoires pour servir à l'histoire du Jacobinisme* ließ er alle Bewegungen oder Persönlichkeiten, die sich je in der Geschichte gegen die bestehende Ordnung erhoben hatten, Teil einer jahrhundertealten Verschwörung sein, angefangen bei den mittelalterlichen Häretikern bis hin zu Robespierre. Dies festigte in der Öffentlichkeit die Legende, Jacques de Molay, der letzte Großmeister der Tempelritter, der von Philipp dem Schönen gemeinsam mit Papst Clemens V. zum Tod auf dem Scheiterhaufen verurteilt worden war, hätte unter Beteuerung seiner Unschuld den Tod des letzten Nachkommens seines Verfolgers durch die Hand eines

Fantasierekonstruktion einer heldenhaften Episode der Templer im Heiligen Land. Trotz der Schwärmerei für das Rittertum, die für das aristokratische ebenso wie das bürgerliche Milieu seit dem 18. Jh. bezeichnend war, schadete die unbegründete Behauptung der Freimaurerei, der Templerorden existiere immer noch. Denn auf sie übertrugen ihre Gegner nun die gleichen Anschuldigungen der Falschheit, des Okkultismus und sogar des Satanismus, die jahrhundertelang gegen die Templer vorgebracht wurden.

Tempelritters geweissagt. Man munkelte, Ludwig XVI., letzter König von Frankreich und eben der letzte Nachkomme Philipps des Schönen, habe den Henker nach seinem Namen gefragt, bevor er am 21. Januar 1793 guillotiniert wurde. Dieser antwortete, er sei als Templer bereit, die Rache für Jacques de Molay zu vollstrecken. Die Farben des Bildes wurden noch düsterer

51

Die »Rittersysteme«

Kapitel von Clermont

Das Kapitel von Clermont entstand 1754 in Frankreich, inspiriert durch die Schottischen Meister der Freimaurerei von Lyon (1741–1743). In Frankreich verschwand es schnell, in Deutschland verbreitete es sich über die Berliner Loge Zu den drei Weltkugeln rasch und war von 1759 bis 1764 aktiv. In einer makabren Zeremonie beziehen sich Grad fünf und sechs des Systems auf den ungerechten Tod Jacques de Molays.

Das Klerikat der Tempelherren

Vom protestantischen Pastor J. A. Freiherr von Starck erfunden und ausgearbeitet, wurde das Klerikat 1772 durch die Strikte Observanz des Freiherrn von Hund anerkannt. Es basierte auf einer historischen Fälschung. Im Mittelalter habe unabhängig vom Ritterkorps ein geistlicher Zweig der Templerherren existiert. Er sei Hüter eines im Orient von den Essenern übernommenen Geheimwissens gewesen. Das Klerikat ging zur gleichen Zeit wie die Strikte Observanz unter, auch wenn man sich zuvor getrennt hatte. Doch Starck hatte sein Ziel erreicht, er war von der deutschen Hocharistokratie anerkannt worden.

Strikte Observanz (Rektifizierte Freimaurerei)

Die Strikte Observanz wurde vom Reichsfreiherrn K. G. von Hund und Altengrottkau, Erbherr von Lipse (1722–1776) in der Oberlausitz ins Leben gerufen. Dieser war angeblich von »Unbekannten Oberen« mit der Wiederherstellung des Templerordens beauftragt worden. Zwischen 1751 und 1755 wurden Struktur, Rituale und administrative Organisation festgelegt, aber das System war erst ab 1763/64 aktiv. Es sah einen inneren Orden vor, zu dem man ab dem sechsten Grad Zutritt hatte und der drei Kategorien Initiierter umfasste: die Ritter (Aristokraten), die Armigeri, d. h. Knappen (Großbürger), und die Socii et Amici Ordinis (Fürsten oder Hoheiten, denen man ▷

▷ *keinen Eid zur Gehorsamkeit abverlangen konnte). Hund strebte eine Vorherrschaft seines Systems an. Er forderte daher, auch die Logen, die nach angelsächsischem Modell nur die ersten drei Grade praktizierten, sollten auf die Rituale der Strikten Observanz zurückgreifen und sich der Autorität ihres Provinzial-Großmeisters unterwerfen. Logen, die das System insgesamt annehmen wollten, mussten sich »rektifizieren« lassen, indem sie sich unterordneten und den »Unbekannten Oberen« Gehorsam schworen. Die Strikte Observanz erlangte praktisch die Kontrolle über die deutsche Freimaurerei. Später verlor sie an Ansehen, um schließlich 1782 beim Konvent der europäischen Freimaurer in Wilhelmsbad zu Grabe getragen zu werden.*

Orden der Chevaliers Bienfaisants de la Cité Sainte (Wohltätige Ritter der Heiligen Stadt)
Das System der Strikten Observanz erfuhr in diesem Orden seine letzte bedeutende Wandlung. Beim freimaure-

rischen Convent National des Gaules 1778 *in Lyon wurde sein Entstehen offiziell registriert. In dem französischen Orden wurde die Templeridee mystisch weiterentwickelt und eine Emanzipation von der deutschen Führung eingeleitet. Zwar wurde im Namen nicht direkt auf den Templerorden angespielt, um nicht die weltlichen und geistlichen Autoritäten Frankreichs zu brüskieren, da ja ein französischer König und ein Papst in Avignon die Aufhebung des Ordens dekretiert hatten, Emblem des Höchsten Grades war jedoch ein Grab, über dem ein Adler und ein Pelikan mit den Buchstaben J. M. (Jacques de Molay) dargestellt waren, ergänzt durch das lateinische Motto* Ecce quod superest *(Siehe, was überlebt). J. B. Willermoz gründete den Orden. Er wollte der freimaurerischen Idee der Menschenliebe neues Leben einhauchen und stellte das Thema der Brüderlichkeit wieder in den Mittelpunkt. Der Orden war jedoch deutlich esoterisch geprägt und sah für begüterte Ritter zwei speziell ihnen zugängliche Grade vor.*

durch den Hinweis, selbst die Guillotine sei von einem Freimaurer erfunden worden, dem Arzt und Wissenschaftler Joseph-Ignace Guillotin.

Die Verbindung Templer – Freimaurer entsprang jedoch nicht nur der Fantasie der Gegner des Ordens. Ihre Ursprünge sind innerhalb der Freimaurerei dort zu suchen, wo der mittelalterliche freie Maurer durch den Ritter überlagert wurde, was im Ansatz bereits bei Ramsay geschah (*siehe* S. 31–33). Außerdem

Auf der Seite nebenan sinnt König Gustav III. von Schweden (von 1771 bis 1792 auf dem Thron) in Anwesenheit von Minerva und Justitia über die Revolution nach. Seit dieser Herrscher 1770 in die Freimaurerei aufgenommen wurde, hatte der Orden immer Mitglieder aus höchsten Hofkreisen. Der Schwedische Ritus, der bis heute in der Freimaurerei von Schweden, Norwegen, Dänemark und Island eine Monopolstellung hat, behielt templerische Nuancen bei, die er aus den Kontakten mit der Strikten Observanz erworben hatte. Er ist der einzige, bei dem der letzte Grad (Ritter-Kommandeur mit dem roten Kreuz) zugleich vom Souverän verliehene bürgerliche Auszeichnung ist.

Miniatur mit der Hinrichtung des Jacques de Molay, letzter Großmeister der Tempelritter. Mit dieser Tat nahm die Legende von der »Rache der Templer« ihren Anfang.

entstand in den verschiedenen Logen des europäischen Festlands ein lebhaftes esoterisches Interesse, insbesondere für die Alchemie und die Kabbala. So hatte sich im Orden eine Legende bilden können: Die Templer, Bewahrer einer orientalischen Geheimlehre, sollen die durch den König von Frankreich und den Papst in Rom (1312) dekretierte Verurteilung in Schottland im Verborgenen überlebt und der Freimaurerei ihre Spiritualität und Weisheit vermacht haben.

Die Aufnahme der Templerlegende in Symbolik und Rituale der Logen hatte bedeutende Auswirkungen:

- sie ließ verschiedene Systeme entstehen, die sich von Deutschland aus, wo sie ihren Anfang nahmen, schnell auf der ganzen Welt verbreiteten;
- sie schwächte die Verbindungen zur operativen Tradition, vor allem im Hinblick auf die Bedeutung, die der Initiation beizumessen ist, und knüpfte enge Verbindungen zur hermetisch-esoterischen und zur Rosenkreuzertradition;
- sie gab zweifelhaften Persönlichkeiten Raum, die sich unter jenen Anhänger schufen, die glaubten, Grad auf Grad an das »Geheimnis der Freimaurer« heranzukommen, das eins sein sollte mit dem »Templergeheimnis«, und meinten, sich bereichern zu können, sobald der Templerorden wieder im Besitz seiner Güter sei, um diese unter den »Initiierten« aufzuteilen;
- der Templer Jacques de Molay überlagerte die Figur des Hiram (*siehe* S. 24–29), dessen Legende symbolisch um den Aspekt der »Rache« erweitert wurde. Dies stärkte bei Außenstehenden die Überzeugung, die Freimaurerei würde der Geschichte einen Lauf aufzwingen, der von »Unbekannten Oberen« gewollt war, und sei jeden Moment in der Lage, deren Pläne Realität werden zu lassen.

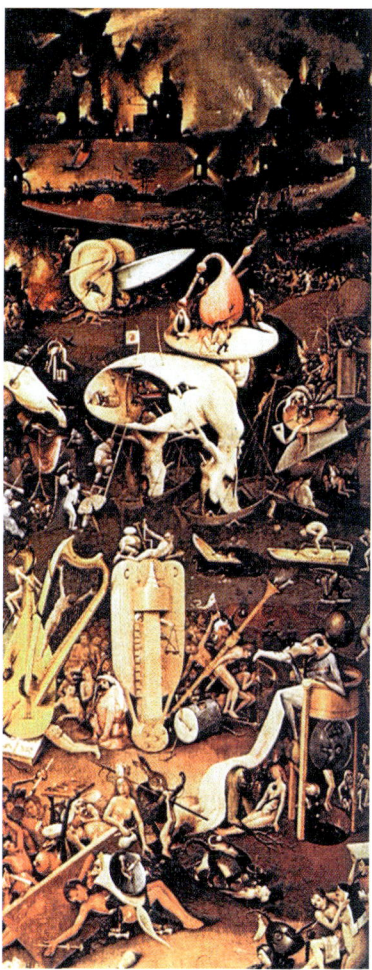

Die Templeridee schwächte die Verbindung mit der operativen Tradition in den Logen, indem sie den hermetischen und esoterischen Traditionen Raum gab (oben: rechte Tafel aus dem Garten der Lüste *von H. Bosch. Auf der nebenstehenden Seite ein Stich mit dem Herd des Alchemisten.*

Die Logen und die Kultur

Seit ihrer Gründung zeichnen sich Logen durch Geselligkeit aus. Man traf sich in einem Gast- oder Kaffeehaus, in einem Bierlokal oder Privathaus vor allem zu festlichen Gelegenheiten wie zum Beispiel der Aufnahme eines neuen Bruders oder Festen zu Ehren Johannes des Täufers. Diese Zusammenkünfte wurden von Festmählern, Schauspielen und Musik begleitet. In London zum Beispiel war das freimaurerische Leben zu Beginn des 18. Jahrhunderts besonders mit musikalischen Darbietungen und Aufführungen von Shakespeares Werken verbunden.

Die Musik

Vor allem Musik spielte eine wichtige Rolle. Anderson hatte in seinem *Konstitutionenbuch* eine Reihe von Volksliedern aufgenommen, geeignet zur Veranschaulichung von Ursprung und Geschichte der Organisation. Sie wurden während der Logenversammlungen gesungen. Insbesondere Musik schien das Konzept eines Universums ausdrücken zu können, das vom ursprünglichen Chaos zu einer natürlichen und rationalen Ordnung übergeht. Von daher faszinierte viele Freimaurer das Studium der musikalischen Harmonie. Es entstanden Traktate, Libretti und Almanache zur Verbreitung der Musik, aber auch breit

angelegte Kompositionen wie das *Carmen saeculare* des Musikers und Schachspielers F.-A. Philidor (1726–1795). Bald sollten sich immer mehr Musiker der Freimaurerei annähern und ihren eigenen Beitrag zum musikalischen Erbe der Freimaurerei leisten. Große Musiker wie Gluck, Haydn und Mozart waren Logenmitglieder. Neben Händels *Messias* (Libretto: Charles Jennens) und der *Neunten Symphonie* von Beethoven stammen die berühmtesten »Freimaurerkompositionen« von Wolfgang Amadeus Mozart: *Die Maurerfreude* (K. 471), die *Maurerische Trauermusik* (K. 477), die *Kleine Freimaurerkantate* (K. 623) und schließlich die Oper *Die Zauberflöte*. Bei den Ersteren handelt es sich um kurze Partituren, die für kleines Orchester geschrieben wurden, einen feierlichen Rhythmus aufweisen und als liturgische Musik gedacht sind, um Augenblicke der Freude oder der Trauer in der Gemeinschaft festlich zu begehen; Thema ist immer die »Brüderlichkeit«. Anders liegt der Fall bei der *Zauberflöte*. Die Oper erlaubte es Mozart, alle Themen zu streifen, die ihn damals fesselten: Tod und Wiedergeburt, Beziehung zwischen Irdischem und Überirdischem, Initiation und Prüfung als notwendiger Weg zur universellen Liebe.

Porträt Wolfgang Amadeus Mozarts (1756–1791). In seinem Todesjahr wurde in Wien Die Zauberflöte uraufgeführt. Ihr Librettist E. Schikaneder war wie Mozart Freimaurer. Das Werk spielt auf verschiedenste Weise darauf an und dokumentiert neben der rationalistischen Strömung eine weitere Richtung der Freimaurerei des 18. Jh., für die der Mystizismus und die Schwärmerei für geheimnisvolle Szenarien aus dem Orient charakteristisch waren.

Der Raum

In den Augen von Freimaurern waren auch die Architektur und die Organisation des Raumes als Darstellung einer idealen Weltordnung von großer Bedeutung. Dies wurde umso wichtiger, je mehr die Zahl der Mitglieder und die soziale Bedeutung stieg, und je mehr jene Strömungen auftraten, die sich auf den Hermetismus und die Rosenkreuzer bezogen. Im vorangegangenen Jahrhundert hatte der pfälzische Kurfürst in Heidelberg rosenkreuzerische Vorstellungen vom Universum in seinen Gärten zum Ausdruck gebracht. Ähnlich versuchte nun die Freimaurerei, das eigene kulturelle Erbe, die eigenen Regeln und Prinzipien auf eigens für die Zeremonien erdachte und geplante Räume zu übertragen. In der zweiten Hälfte des 18. Jahrhunderts sollten viele Gebäude errichtet oder für diese Zwecke umgestaltet werden. Die berühmtesten sind die Mason Hall in London und die Cappella Sansevero in Neapel. Diese ließ Raimondo di Sangro in einen Freimaurertempel umwandeln, dessen De-korationen die Tugend als unabdingbare Basis für die Aristokratie preist. Ebenfalls in dieser Zeit nehmen die Symbole (*siehe* S. 112–117) und ihre festgelegte Anordnung im Raum grundsätzlich an Wichtigkeit zu. Die Freimaurerei war zur Zeit des aufgeklärten Despotismus derart populär, dass diese Art von Raumdekoration auch für andere, nicht in engerem Sinne freimaurerische Zusammenhänge übernommen wurde, wie zum Beispiel die *Sala della adunanze* in der Akademie der Wissenschaften in Turin belegt.

Die Wissenschaft

Von Anfang an bestanden sehr enge Verbindungen zwischen der Welt der Wissenschaft und der Freimaurerei. Bereits die ersten englischen Logen stan-

Eine Arbeit des englischen Architekten und Freimaurers John Soane. Es handelt sich um einen Entwurf für das Haus, das Soane für sich selbst erbaute (heute ein öffentliches Museum). Die Besonderheit dieses Werks, das Anspielungen auf das Mittelalter, Zitate von Piranesi und Bezüge auf den Symbolismus eines anderen Freimaurers, J. C. Delafosse, bietet, besteht darin, dass diese Räumlichkeit für die Unterbringung des Heizkessels gedacht war.

den den Kreisen der Royal Society, der 1662 offiziell anerkannten britischen Akademie der Wissenschaften, sehr nahe. Große Bedeutung für die Großloge von London hatte Newton. Er formulierte die Grundlagen für eine äußerst ergiebige neue Naturphilosophie, die jedoch nicht die Religion verleugnete. Die Wissenschaft, und das gefiel den Freimaurern, erklärte, wie Gott als Baumeister die Natur nach den Prinzipien von Hierarchie, Ordnung und Frieden eingerichtet hatte. Was die Freimaurer interessierte, war die Parallelität zwischen der natürlichen und der sozialen Ordnung.

Dieses Thema sollte sowohl in England als auch auf dem europäischen Festland einen großen Teil des Jahrhunderts hindurch präsent sein. Das Interesse an der Natur hatte zum Ziel, eine neue Geschichtsphilosophie zu begründen. Da-

her entstanden neue öffentliche und private Wissenschaftsinstitutionen wie die Akademien der Wissenschaften in Turin und Neapel, das Musée de Paris oder die Königlich Böhmische Gesellschaft der Wissenschaften in Prag. Man stellte naturkundliche Sammlungen zusammen und publizierte Zeitschriften und Bücher. Sie beschäftigten sich mit den verschiedensten Themen, von der Mathematik bis zur Physiognomik. Diese Vielfalt von Interessen und Initiativen barg jedoch ein Risiko: Die »zweite (mystische) Seele« der Freimaurerei, die die Magie niemals abgelehnt hatte, neigte von Natur aus dazu, zweifelhaften Persönlichkeiten wie Mesmer und Cagliostro Raum zu geben.

Franz Anton Mesmer, ein zunächst in

Eine Sitzung von Mesmers Societé de l'Harmonie. *Das Baquet, eine zugedeckte hölzerne Wanne, aus der Schnüre herausschauen, soll die magnetischen Strömungen auffangen. Der Mesmerismus stellt die letzte Krise der Freimaurerei im 18. Jahrhundert dar, vor allem für diejenigen, die nie auf den magischen Aspekt verzichtet hatten.*

Wien arbeitender Arzt, der sich mit »animalischem Magnetismus« beschäftigt hatte, vertrat die These, es wäre möglich, diesen für therapeutische Zwecke zu nutzen. Er war von Wien nach Paris gegangen, wo er eine *Societé de l'Harmonie* gegründet hatte. Dort konnte man gegen Bezahlung in die Geheimnisse des Magnetismus eingeweiht werden. Etwa ein Jahrzehnt lang machte der Mesmerismus als Therapie

Die Hoffnung, die vom Großen Baumeister Aller Welten »geordnete« Organisation der Natur auf den sozialen Bereich übertragen zu können, war in der englischen Freimaurerei, die stark dem Newtonismus verbunden war, immer präsent (hier stellt Britannia Isaac Newton einen jungen Mathematiker vor).

deren Bedeutung erneuerte. Ein Großteil der Begriffe (Statuten, Kapitel, Orden, Meister usw.) ging auf die mittelalterliche Tradition zurück. Andere waren Neuerungen, die die ursprüngliche Bedeutung komplett beiseiteließen. Das Wort »Konvent« zum Beispiel bezeichnet in der Alltagssprache einfach den Sitz einer Religionsgemeinschaft, in der Freimaurersprache bedeutet es »Versammlung«, in Erinnerung an die Versammlung von Wilhelmsbad, die eben in einem Konvent stattgefunden hatte. Und das Wort »Konstitution« bezeichnete nun weder eine Sammlung legislativer Bestimmungen von höchster politischer Autorität wie zur römischen Kaiserzeit, noch besondere Regeln geistlicher Art wie im Mittelalter, sondern eine Reihe von Prinzipien, die dem geordneten Leben einer Gesellschaft, hier den Freimaurern, zugrunde lag. Wie der Begriff »Konstitution«, so wurden auch viele andere Wörter wie Gesellschaft, Freiheit und öffentliche Wahl aus dem normalen Sprachgebrauch entliehen. Besonders das Wort »Aufklärung« war von großer Bedeutung. Wurde der Begriff in der Vergangenheit wohl ausschließlich im reli-

und Theorie Furore. Mesmers Schriften wurden in den Logen aufmerksam gelesen und rege kommentiert. Man machte den Versuch, die ursprünglich zur Behandlung von Krankheiten Einzelner entwickelte Theorie des »animalischen Magnetismus« auch auf die Gesamtgesellschaft anzuwenden. Die Attacken der offiziellen Wissenschaft und das ausufernde Auftreten von Scharlatanen, die sich den Mesmerismus zunutze machten, hatten schließlich eine offizielle Intervention des Königs und letztlich 1785 die Ausweisung Mesmers zur Folge.

Das Wort

In den Logen arbeitete man auch an einem neuen sprachlichen Kodex, der traditionelle Begriffe aufnahm und

Links: B. Franklin; unten: Die Verfasser der Unabhängig-keitserklärung *der Vereinigten Staaten von Amerika, alle Freimaurer. Unter den vielen Tätig-keiten Franklins sei seine Arbeit als Publizist und Verleger erwähnt.*

giösen Bereich verwendet, nämlich im Sinne der Aufklärung des Menschen dank göttlicher Anleitung, so versteht man darunter in der Freimaurerei den Kampf gegen Unwissenheit und Aberglauben mithilfe der Vernunft (*siehe* S. 40–41). In den *Freimaurerdia-logen*, eine Schrift, die weitverbreitet und Grundlage vielfältiger Diskussio-nen war, meint Lessing, nur durch die Vernunft könne das wahre Wesen der Freimaurerei erforscht und begriffen werden.

Die Epoche des aufgeklärten Despo-tismus zeichnete sich durch eine fort-schreitende Alphabetisierung und eine Reform der Bildungssysteme aus. Um den wachsenden Bildungshunger gerecht zu werden, förderte die Freimaurerei die Publikation großer Werke, wie die Übersetzung der *Two Treatises of government* (Über die Re-gierung) von Locke, die *Scienza della legislazione* (System der Gesetzgebung) von Filangieri oder die *Lettere ame-ricane* mit einem Vorwort von Franklin. Vor allem aber gab es eine große Pro-duktion einfacher und kostengünstiger Publikationen, die sich entweder der Bildung der neuen Mitglieder widmeten oder für Werbezwecke bestimmt waren. In Umlauf gebracht wurden auch die Texte der in den Logen gehaltenen Vor-träge, Almanache mit Hinweisen auf freimaurerische Feste und die Logen-adressen sowie Katechismen und Zeit-schriften.

Napoleon:
Eine »gelenkte« Karriere?

Die glänzende Karriere des 1769 in Ajacco geborenen Napoleon Bonaparte ist ungewöhnlich. Nach seinem Abschied von der Pariser Militärakademie – davor hatte er die von Brienne besucht – wurde er mit nur fünfundzwanzig Jahren General. Er hatte einen Plan ausgearbeitet, der es den Truppen des Konvents ermöglichte, das von den Engländern besetzte Toulon zu erobern. Der Rest ist Geschichte: seine Heirat mit Josephine de Beauharnais, die ihm die Türen zu den Salons im Paris des Direktoriums öffnete, die Feldzüge

nach Italien und Ägypten, der Aufstieg zum Konsul … Von dem Moment an, da er mit der Eroberung Toulons von sich reden gemacht hatte, genügten ihm zehn Jahre, in denen er von Erfolg zu Erfolg eilte, um zum Kaiser der Franzosen gekrönt zu werden.

Von der Theorie, Napoleon habe in Kontakt mit einer mächtigen Geheimgesellschaft, den Illuminaten, gestanden, erzählen die Geschichtsbücher nichts. Diese seien trotz Verbot durchaus noch aktiv gewesen (*siehe* S. 46–49). Er soll an einem unterirdischen Ort in der römischen Campagna aufgenommen worden sein. Als ihm während der Zeremonie die Insignien des Grades und die phrygische Mütze, die in Frankreich (Jakobinermütze) und den Vereinigten Staaten als Symbol der Freiheit galt, überreicht wurden, soll der rituelle Satz gesprochen worden sein: »Achte gut darauf, die Kopfbedeckung der Freiheit nicht mit der Krone zu tau-

Porträt des jugendlichen Napoleon von J.-L. David. Der französische Historiker Michelet (1798–1874) hob die geheimnisvolle und frühreife Anziehungskraft dieser außergewöhnlichen Persönlichkeit hervor und meinte, der Maler habe ihm eine »vollkommen düstere Unpersönlichkeit« verliehen, die »zauberhaft wirkt«.

Mausoleum zum Gedächtnis an den Übergang Napoleons über den Mont Cenis, in einem Entwurf von G. Selva aus dem Jahr 1808, der sich die »Ägyptomanie« jener Zeit zunutze macht.

schen«. Hieraus erklärt man den Zusammenbruch des Mythos Napoleon ab 1812. Dieser sei unvermeidlich gewesen, da er aus Ehrgeiz die Anordnungen der mächtigen Oberen nicht befolgt habe. Andere Autoren glauben, Napoleon sei während des Ägyptenfeldzugs auf Malta in eine Militärloge aufgenommen worden. S. Hutin meint, die Expedition nach Ägypten habe in militärischer Hinsicht darauf abgezielt, den Engländern den Weg nach Indien abzuschneiden, gleichzeitig habe sie Napoleon ermöglicht, mehrere unsichtbare Herrscher der Menschheit zu treffen (*Unsichtbare Herrscher und geheime Gesellschaften*).

O. Wirth, der in den ersten Jahrzehnten des zwanzigsten Jahrhunderts im Grand Orient von Frankreich aktiv war, schreibt dagegen, Napoleon habe anfänglich die Freimaurerei verbieten wollen. Dagegen sprach jedoch, dass man nur zu fürchten hatte, was man zwang, sich zu verstecken. Deswegen ermächtigte der Kaiser seinen Bruder Joseph Bonaparte, die ihm angetragene Großmeisterschaft anzunehmen. Als die Freimaurerei daraufhin von Würdenträgern des Empire buchstäblich überrannt wurde, sei sie gezwungen gewesen, auf alles zu verzichten, was zu einer Emanzipation des Geistes hätte beitragen können oder etwas anderes als Bewunderung für die Diktatur zum Ausdruck gebracht hätte. (*La francmaçonnerie rendue intelligible à ses adeptes*, Bd. I.: *L'apprenti*).

Auch der englische Historiker P. Partner, Autor einer brillanten Studie über die Templer, teilt diese Ansicht im Wesentlichen. Er zitiert den Schriftsteller Charles Nodier (1780–1844), demzufolge die französischen Freimaurer, ungeachtet ihrer Zahl – der Grand Orient zählte 1814 gut 905 Logen – keinerlei Gefahr für das Regime dargestellt hätten, weil die Bewegung in Widersprüche verstrickt sowie ohne Einfluss und sinnentleert gewesen sei.

Italien: Auf dem Weg zum Risorgimento

Auch die Freimaurerei in Italien war napoleonisch geprägt (*siehe* S. 62–63). In Mailand war 1805 der Grande Oriente d'Italia entstanden. 1806 waren die *Statuti Generali della Franca Massoneria* in Italia ausgearbeitet worden. Einige Mitglieder des Ordens bewunderten Napoleon oder hatten sich einfach nur der aktuellen Situation angepasst. Allerdings wuchs die Zahl derer mit der Zeit immer stärker, die sich der französischen »Tyrannei« widersetzen wollten und bereits anderen Geheimbünden unterschiedlicher ideologischer Ausrichtung beigetreten waren. Deren Organisation und Symbolik wurde zwar von der Freimaurerei beeinflusst, doch die konspirativen Gewohnheiten und der Aktivismus waren ein Erbe der revolutionären Clubs vom Ende des 18. Jahrhunderts.

Einer der wichtigsten italienischen Geheimbünde war die Carboneria (Köhlerei), die möglicherweise aus der Loge Philadelphia hervorgegangen war. Letztere hatte Unzufriedene aus Teilen der Armee und der französischen Freimaurerei versammelt und sich in ganz Europa verbreitet, wobei sie mit einigen ihrer Vertreter auch in die Logen des Königreichs Italien vordrang. Die Carboneria, von der gesichert ist, dass ihre

Mazzini und Garibaldi begegnen sich in Marseille (1833). Im 19. Jh. waren es nicht nur die Konservativen, die glaubten, die Freimaurerei habe die Aufgabe, die politische und soziale Ordnung zu revolutionieren, sondern auch die eigenen Mitglieder. Die Zeitschrift »Rivista massonica« z. B. ging so weit, die Garibaldiner als »neue Templer« zu bezeichnen.

Porträt Giuseppe Mazzinis. Der Genueser Patriot gehörte zu jenen, die sich dafür einsetzten, dass die Unterordnung unter Frankreich und das Weiterbestehen jakobinischer Töne aus den italienischen Geheimbünden verschwand: »Der Fortschritt der Völker besteht heute darin, sich von Frankreich zu emanzipieren«, erklärte er und fügte hinzu: »Der Fortschritt Frankreichs besteht in seiner Emanzipation vom 18. Jahrhundert und der alten Revolution«.

Existenz den Regierungsbehörden seit 1808 bekannt war, entwickelte sich vor allem in Süditalien und infiltrierte ihrerseits die neapolitanischen Logen. Im Laufe der Zeit trat an die Stelle des ursprünglichen demokratischen und egalitären Geistes der Geheimgesellschaften ein liberaler Patriotismus, der als Ziel die Unabhängigkeit und eine zum englischen ähnliche Verfassung hatte.

Nach der Restauration, 1815 vom Wiener Kongress eingeleitet, arbeiteten die geheimen Vereinigungen weiter und fanden ihre Mitglieder unter Offizieren, Intellektuellen, Studenten und manchmal auch in den anderen Volksschichten.

In Italien kam zur Carboneria im Süden die Società dei Sublimi Maestri Perfetti im Norden hinzu. Diese nahm den Platz der Adelfia ein, die in den ersten Jahren nach der Restauration aktiv gewesen war. Hier waren, unter Filippo Buonarotti (1761–1837), die radikalsten Positionen zu finden.

Während der erste Grad nur den Schwur zum deistischen Glauben, zu

Gleichheit und Brüderlichkeit verlangte, so verpflichtete man sich beim zweiten bereits, für eine republikanische Verfassung zu kämpfen, und mit dem dritten dann zur Abschaffung des Privateigentums und zu einer Güter- und Arbeitsgemeinschaft.

Es war jedoch die Carboneria, die in dem Bemühen um eine geeinte »Nation« erste konkrete Ergebnisse durch konspirative Arbeit erzielte. Dabei spielte Giuseppe Mazzini (1805–1872) eine wichtige Rolle, zumindest in ideeller Hinsicht. Von allen italienischen Patrioten war er derjenige, der Positionen vertrat, die den Vorstellungen der Freimaurer vom Menschen und seiner Rolle in der Welt am nächsten waren. Er hatte auch Kontakte zum esoterischen Mephis- und Misraim-Ritus, in dem die ägyptische mysteriosophische Tradition von großer Bedeutung war. Diesem Ritus schloss sich auch Giuseppe Garibaldi (1817–1882) an.

65

Die »romantische« Freimaurerei

Lange wurde die Romantik als ideologische und kulturelle Stimme der Restauration angesehen, vor allem in Hinblick auf Deutschland. Aber der Versuch, diese Bewegung politisch zu deuten, führt auf Abwege, denn sie zog Revolutionäre wie Konservative, Progressive wie Reaktionäre an. Gemein war ihnen eine Weltsicht jenseits der realen Antriebskräfte der Geschichte, die zu einer Hinwendung zum Absoluten führte und in der Vergangenheit Bestätigung suchte oder Fluchten in die Zukunft, in die Utopie auslöste, was eine Beschäftigung mit der Gegenwart ausschloß. Goethe meinte, das Romantische verkörpere »das Kranke«, und die moderne Psychologie bestätigt seine Diagnose in gewisser Hinsicht. R. Le Forestier kam zu einem ähnlichen Urteil hinsichtlich der Geschichte der Freimaurerei, als er den Ursprung des Templer-Phänomens untersuchte (*siehe S. 53–55*). Er meinte, in der zweiten Häl-

Der Alte und Angenommene Schottische Ritus

Die rasche Verbreitung der Freimaurerei in den Vereinigten Staaten erklärt sich nicht zuletzt aus dem Bedürfnis, feste Formen der Versammlung zu finden, die sich auf ein historisch-kulturelles Erbe beziehen, das diejenigen, die bereits in der neuen Welt siedelten, und diejenigen, die aus den unterschiedlichsten Gründen dorthin emigrierten, miteinander verband. In der zweiten Hälfte des 18. Jahrhunderts spiegelten die Logen in den Vereinigten Staaten die europäische Logenlandschaft wider. Es gab also neben symbolischen Logen, das heißt diejenigen, die in die drei Basisgrade einweihten, auch andere, die nach dem Schottischen Ritus die Hochgrade *oder* Erkenntnisstufen *praktizierten. Hier bezog man sich auf den Ritus von Herodom, auch »Ritus der Kaiser des Orients und Okzidents« genannt, der wie das Kapitel von Clermont mit der Templerbewegung (siehe S.53–55)* verzahnt war. Am 31. Mai 1801 wurde in Charleston in South Carolina der erste Oberste Rat des 33. und letzten Grades des Alten und Angenommenen Schottischen Ritus gegründet. Dieser sollte jede ältere Form des Schottischen Ritus erneuern und ersetzen, auch in Europa einschließlich Italiens. Zu Italien sei vermerkt, dass »eine stabile Organisation der Zentren der italienischen Freimaurerei in den Jahren 1814–1859 aufgrund der politisch-militärischen Geschehnisse zumindest teilweise verschwunden war und es meistens die Inhaber der Hochgrade nach Schottischem Ritus waren, die die Initiationen weitergaben und so ein Fortbestehen der Freimaurerei gewährleisteten. Dies erklärt, warum der Ritus in Italien nach der Einigung und bis in die ersten Jahrzehnte des zwanzigsten Jahrhunderts hinein so berühmt war«* (M. Moramarco: Nuova Enciclopedia Massonica).

Beatrice wendet sich an Dante von William Blake (1757–1827), Tate Gallery, London. Blake ist der esoterischen Freimaurerei auch heute noch sehr teuer, die unter anderem eine geistige Verwandtschaft zu seiner Spiritualität empfindet, die ihn zu dem Ausspruch brachte: »Jene, die ihre Sehnsucht zu zügeln wissen, können das nur, weil ihre Sehnsucht schwach genug ist, um beherrscht zu werden«.

fte des 18. Jahrhunderts hätten die Mystiker die Philosophie der Aufklärung ersetzt, so sei das »unterdrückte« religiöse Gefühl in psychopathischer Form wiederaufgetaucht (*Die templerische und okkultistische Freimaurerei im 18. und 19. Jahrhundert*, Bd. I: *Die Strikte Observanz*). Im Zeitalter der Romantik war die Templerbewegung nämlich weiterhin in verschiedensten Spielarten Mode, angefangen mit der Loge der Ritter vom Kreuz, die dem Grand Orient in Frankreich angeschlossen war. Und der Arzt Raymond Fabré-Palaprat gründete einen Orden, der von einer fantasiereichen Mittelaltersehnsucht geprägt war. Er löste sich aber bald von der Freimaurerei und mündete 1828 in die Konstitution der »erhabenen Einweihung, auch Heilige Kirche Christi oder Kirche der ersten Christen« genannt, die nach einer wechselhaften Geschichte um 1840 aufhörte zu existieren.

Der Schriftsteller Gérard de Nerval (1808–1855) versuchte die Bewegung der Tempelritter in Frankreich wiederzubeleben. Er war Freimaurer, stand aber auch in enger Beziehung zu verschiedenen Okkultisten. Den Ursprung der Freimaurerei sah er in einer Synthese zwischen der christlichen Tradition und der Spiritualität der Völker des Nahen Ostens, vor allem der Drusen, die die historischen Templer während ihres Aufenthaltes im Heiligen Land beeinflusst hatten.

Persönlichkeiten wie Fabré-Palaprat und Nerval verband die Abneigung gegen den katholischen Klerikalismus.

Um die Werte der esoterischen Freimaurerei zu verbreiten, gründete der eine eine Kirche, während der andere Templer und Drusen, allerdings ohne jedes historische Fundament, als ideale Modelle für eine Opposition darstellte, in der sich damals die unterschiedlichsten Kräfte sammeln sollten, um sich gegen die anhaltenden Missbräuche durch Klerus und Feudalherren zu stellen.

In den Vereinigten Staaten hingegen entwickelte sich Rittermaurerei in der Diskretion und Verschwiegenheit der Logen. Eine der auffälligsten Persönlichkeiten war dabei der General Albert Pike (1809–1891). Pike, 1850 in Little Rock in Arkansas in die Freimaurerei eingeweiht, wechselte zwischen seiner juristischen und militärischen Tätigkeit. Im Krieg gegen Mexiko führte er eine Schwadron Kavalleristen an, im Bürgerkrieg kämpfte er auf der Seite der Konföderierten. Aber vor allem studierte er die »heiligen Sprachen« (Hebräisch, Sanskrit und Persisch) und die indo-iranischen Religionen. Diese Kenntnisse flossen in die Ausarbeitung der Grade des Schottischen Ritus ein, dessen »Großkommandeur des Obersten Rates der Südlichen Jurisdiktion« er 1859 wurde. Doch trotz allem war auch Pike Kind seiner Zeit: beeinflusst vom sezessionistischen Milieu von Arkansas, sprach er sich gegen den Beitritt farbiger Männer in die Freimaurerei aus. Die Geschichte der Freimaurerei in der Epoche der Romantik darf man jedoch keinesfalls auf die Templerbewegung reduzieren.

Der Savoyarde Joseph de Maistre (1753–1821) war ein Gegner liberaler und demokratischer Ideen und vertrat rigide, dogmatische Positionen sowohl im Bereich der Politik als auch der Konfession. Er war ein unermüdlicher Verteidiger des absoluten Primates der katholischen Religion und hielt engen Anschluss an den christlichen Glauben für notwendig, nicht nur um das allen Menschen gemeinsame »geistliche Bedürfnis« zu befriedigen, sondern auch, um das Ideal der universalen Brüderlichkeit Wirklichkeit werden zu lassen. Der Philosoph Maine de Biran (1766–1824) war Mitglied beim Grand Orient de France. Sein Denken gewährt Einblick in den Übergang der französischen Freimaurerei vom Deismus und vom religiösen Skeptizismus der Aufklärung und der Revolutionszeit hin zu Formen einer angewandten Spiritualität. Diese wird von der Begegnung mit dem Schmerz, dem Tod und dem Mysterium der Unsterblichkeit der Seele motiviert. Sein *Tagebuch* (1792–1824) weist typisch romantische Gedanken auf, wie das Bedürfnis, hinab zu den Wurzeln der eigenen Innerlichkeit zu steigen, zuerst einer auf sich selbst bezogenen Freiheit zu folgen und die Beziehungen zwischen den Leidenschaften der Seele und der Moral auszuloten. Nach den Geschehnissen der Schreckensherr-

Ein Büro der Bank of England, das nach einem Entwurf des freimaurerischen Architekten J. Soane (1753–1837) entstand. Zu Zeiten der Romantik gab es eine lebhafte und weitverbreitete Präsenz von Freimaurern in allen Bereichen der Kultur, von der Architektur (erwähnt sei auch J. Hoban, der das Weiße Haus in Washington entwarf) bis zur Musik (F. Liszt, N. Paganini, H. Berlioz), von der Literatur (R. Burns, F. M. Klinger, W. Scott) zur Wissenschaft (L.-N. Carnot, P. S. Laplace, E. Jenner).

schaft beruft er sich auf jene »Weisheit«, die die Menschheit vergessen zu haben scheint. Gegen Napoleon hegt er Misstrauen. Mit Anbruch der Restauration sollen die aufgeklärten Kräfte einen Ausgleich zwischen dem Wohl der Bürger und einer stabilen legitimen Regierung fördern.

Wichtig für die Romantik waren die deutschen Freimaurer J. G. Herder (1744–1803) und F. Schlegel (1778–1829). Herder sah sowohl in der Ge-

schichte und als auch in der Natur zwei im Wesentlichen ähnliche Mittel Gottes zur Erziehung der Menschheit. Schlegel lobte die menschliche Schöpferkraft, die sich hauptsächlich frei und spontan in der Dichtung ausdrücke. J. G. Fichte (1762–1814), der Urheber des Idealismus, setzte den realen gesellschaftlichen Verhältnissen eine ehrgeizige »philosophische Revolution« entgegen, die auf der Vorherrschaft des »Geistes« gegründet war.

Freimaurerei und Sozialismus

Gemäßigter Adel und liberales Bürgertum brachten nach dem Aufstand von Paris im Jahre 1830 anstelle von Charles X., dem Nachfolger Ludwigs XVIII., Louis Philippe von Orleans auf den Thron. Die wirtschaftliche Entwicklung Frankreichs unter der Herrschaft von Louis Philippe verschärfte die sozialen Spannungen, die in mehrere, blutig unterdrückte Revolten mündeten. Der sich daraufhin entwickelnde Sozialismus verbreitete sich rasch und entfachte von Neuem Ängste gegenüber mehr oder minder geheimen Versammlungen. Davon betroffen war auch die Freimaurerei, obwohl sie sich, nachdem sie sich unter Napoleon zu sehr exponiert und die Konsequenzen daraus zu tragen hatte, nun darauf achtete, sich rigoros aus politischen Debatten rauszuhalten. Wenn es tatsächlich stimmt, dass der moderne Begriff »Sozialismus« zum ersten Mal 1830 vom Saint-Simonisten P. Leroux, Mitglied der Loge Droits de l'Homme von Grasse, verwendet wurde, lassen sich bestenfalls Verbindungen der Freimaurerei mit dem sogenannten »utopischen

Ein Stich, der Fouriers sogenannte »Pagesses« darstellt (aus einem der sozialistischen Bewegung gewidmeten Buch des 19. Jh.). Ähnlichkeiten und eventuelle Beziehungen zwischen der Freimaurerei und dem utopischen Sozialismus scheinen nur moralischer Art zu sein: beide haben eine humanitäre Gesinnung.

Der Volksaufstand vom Juli 1830 in Paris. Während der Regierung von Louis Philippe beschäftigte sich die französische Freimaurerei, die unter den Diskussionen zwischen Grand Orient und Oberstem Rat litt, vor allem mit internen Problemen und enthielt sich jeder Stellungnahme in politischer oder sozialer Hinsicht. Trotz diverser Versuche (1835 und 1841) war es jedoch unmöglich, eine Einigung der Riten herbeizuführen. Infolge der politischen Umwälzungen von 1848 lösten sich die sieben Logen vom Obersten Rat ab, um die Grande Loge Nationale de France zu bilden. Sie war zwar in ihrer Heimat nicht anerkannt, aber es gelang ihr, Beziehungen zur ausländischen Freimaurerei zu knüpfen, bevor sie im Januar 1851 von der Polizei für aufgelöst erklärt wurde.

Unterschiede zwischen Sozialismus und Freimaurerei

»[…] das heutige Ziel einer Vereinigung wie der Euren muss sein […], die Wahrheit und die Arbeit bei den Massen zu verbreiten, kein gegebenes Wort zu halten, das quasi ein Privileg der Eingeweihten ist, das man einander unter Überzeugten anvertraut, ohne Verbreitung nach außen. Zu sehr noch nehmen wir jetzt, da es doch weit weniger nötig ist, das Verhalten und den Gestus von Verschwörern ein. Die ökonomischen und moralischen Evolutionen und Revolutionen […] macht man jetzt nicht mehr, wie manchmal die Politik, aus dem Impuls und der Beschlussfassung weniger geheimer Verbrüderter heraus, die einem Losungswort gehorchen und einem Zeichen treu sind. Man kann in dieser so grundlegenden Materie nichts Stabiles erhalten, das nicht von den meisten oder den Stärkeren, die niemals wenige sein könnten, gewollt würde. Etwas, das nicht sozusagen das Resultat der Dinge selbst ist, des objektiven und subjektiven, materiellen und moralischen Grades an Entwicklung der Fakten, auf denen agiert wird, sowie der Menschen, die agieren müssen, oder die sich zumindest den neuen und ersehnten Arten des Tuns und des Lebens anpassen müssen. Auch die politischen Revolutionen heute (für diejenigen, die diesem Ziel Bedeutung beimessen), heute, da wir keine Fremdherrschaften mehr am Hals haben: Man könnte sie nicht in aller Stille vorbereiten, freimaurerisch, im Dunkel privater Versammlungen, ohne Öffentlichkeit und ohne Echo.«

Oben: Ausschnitt aus einer an junge Menschen gerichteten Rede Turatis, in der er die wesentliche Neuerung der sozialistischen Bewegung nach der Einigung Italiens hervorhebt: man kapselt sich nicht mehr in Logen und konspirativen Clubs ab.

Die Lehre ist ein Thema, das sowohl den Freimaurern als auch den Sozialisten am Herzen liegt. Auf der nebenstehenden Seite ein »idealer Kindergarten« aus Fouriers Phalanstère. Auf dieser Seite der Buchdeckel des Buches Cuore (1905) von Edmondo De Amicis. Durch seine Mitgliedschaft sowohl bei den Freimaurern als auch den Sozialisten verwirklichte der ligurische Schriftsteller seine Ideale der Humanität und Solidarität, wie er sie auch in seinen Erzählungen für Kinder zum Ausdruck brachte.

Sozialismus« herstellen. Hier sind vor allem die Ansätze von Claude-Henri de Rouvroy, Graf von Saint-Simon (1760–1825) und François M. C. Fourier (1772–1837) zu nennen, die auf einem allgemeinen Unitarismus basierten, zum Teil von christlichen Grundsätzen inspiriert. Es heißt, die beiden hätten eine freimaurerische Bildung genossen. In ihrem Werk lässt sich allerdings keinerlei Interesse für den initiatischen Charakter des Ordens erkennen. Fourier sagt sogar, die Möglichkeit, die der Orden böte, werde nicht für eine soziale und moralische Reform der Gesellschaft genutzt, wie es eigentlich seine Pflicht wäre.

Was das Aktivwerden angeht, unterscheiden sich Freimaurerei und Sozialismus stark. So erinnerten sich die Sozialisten an François-Noël Babeuf, der 1796 eine Verschwörung angezettelt hatte, um das Direktorium zu stürzen und eine »Republik der Gleichen« zu errichten. Der Sozialismus bekam vor allem durch Filippo

Buonarroti (*siehe* S. 65) und Louis-Auguste Blanqui (1805–1881) entschieden revolutionäre Züge.

Noch viel gegensätzlicher erscheinen die theoretischen Positionen erstens im Werk von P.-J. Proudhon (1809–1865), der selbst Freimaurer war, und zweitens im sogenannten »wissenschaftlichen Sozialismus«, wie K. Marx (1818–1883) seine zusammen mit F. Engels (1820–1895) ausgearbeitete Lehre nannte.

Tatsächlich stehen die Thesen vom Primat der Wirtschaft, vom spezifisch Menschlichen in Produktionsverhältnissen, vom Klassenkampf als geschichtliches Prinzip sowie die Ab-

lehnung der Religion völlig außerhalb der »Grenzen« der Freimaurerei (*siehe* S. 102–103).

Ein Symbolbild des Sozialismus von Giuseppe Pellizzari da Volpedo (1868–1907).

Dies hat nicht verhindert, dass einzelne Freimaurer in den Reihen sozialistischer Verbände kämpften. In Italien wäre als Beispiel Andrea Costa (1851–1910) zu erwähnen. Er war sowohl nachgeordneter Großmeister des Grande Oriente d'Italia als auch Gründer des Partito Socialista Rivoluzionario di Romagna (1881) und erster gewählter sozialistischer Abgeordneter (1882) in Italiens parlamentarischer Geschichte. Offizielle sozialistische Organe machten der Freimaurerei zu Beginn des zwanzigsten Jahrhunderts den Vorwurf, ihre humanitären Ansprüche hätten die Partei geschwächt, eine Position, die auf dem Kongress von Ancona 1914 vertreten wurde. Mussolini fasste sie elf Jahre später folgendermaßen zusammen:

»Und seit damals war mir klar, dass die Freimaurerei einen gewissen Einfluss auf den italienischen Sozialismus ausübt. Es kam vor, dass bestimmte Verhaltensweisen der parlamentarischen Fraktion, gewisser Zeitungen und gewisser Gremien das Ergebnis von Verhandlungen waren, die in den Logen stattgefunden hatten. Dieses unterirdische Phänomen hatte so gewaltige Ausmaße, dass […] die Sozialistische Partei fast einstimmig die Unvereinbarkeit zwischen Freimaurerei und Partei proklamiert hat«.

Auch unmittelbar nach dem Zweiten Weltkrieg und in den 1970er-Jahren machten sich sozialistische Kreise in Italien Sorgen, Kontakte zu Geheimgesellschaften würden dem Image der Partei

Die Militärs kontrollieren den Präsidentenpalast von Santiago nach dem Staatsstreich, der die Regierung Salvador Allendes niederschlug und diesen das Leben kostete.

schaden oder Freimaurer könnten Druck auf das nationale politische Leben ausüben.

Völlig anders waren dagegen die Beziehungen zwischen Freimaurerei und Sozialismus in Lateinamerika. Hier musste eine Einheitsfront gebildet werden (nicht zufällig nahm und nimmt hier immer auch die katholische Kirche daran teil), um Diktaturen Paroli zu bieten und sich gegen Wirtschaftskräfte zu wehren, die unter zynischer Verachtung elementarster Menschenrechte entschlossen sind, soziale Missverhält-

nisse aufrechtzuerhalten. So konnten zwei Persönlichkeiten der lateinamerikanischen Freimaurerwelt das höchste politische Staatsamt ausüben: Lazaro Cardenas, Präsident der Republik Mexiko zwischen 1934 und 1940, der eine Agrarreform und die Verstaatlichung der Erdölindustrie förderte, und Salvador Allende, der 1970 mit Unterstützung der sozialistischen, kommunistischen, radikalen und katholischen Kräfte, die in der Koalition der Unidad Popular vereinigt waren, Präsident der Republik Chile wurde. Allende war Meister vom Stuhl der Loge Hiram Nr. 66 in Santiago; er fiel 1973 Pinochets Staatsstreich zum Opfer.

Freimaurerei und geeintes Italien

Der geeinte Staat und der Grande Oriente d'Italia

Bis zum Zweiten Unabhängigkeitskrieg arbeiteten viele Freimaurer im Untergrund und brachten ihren persönlichen Idealismus theoretisch und praktisch für das sogenannte italienische »Risorgimento« ein.

Mit der Bildung eines italienischen Grande Oriente 1859 strebte der Orden, ausgehend von der Loge Ausonia in Turin, nach einer eigenen institutionellen Identität. In einer geschichtlichen Situation, in der man sich unmöglich einer politischen Position enthalten konnte, kamen die Initiatoren größtenteils aus dem politischen Umfeld Camillo Cavours. Auch unter diesem Aspekt unterschieden sie sich von der Freimaurerei nach Schottischem Ritus, die in Palermo sehr rege war und in der sich die garibaldinischen Patrioten nur so drängten. Erst 1874 hatte man sich auf eine einheitliche Freimaurerkonstitution geeinigt, die in Rom erlassen wurde, das erst seit drei Jahren Hauptstadt des geeinten Italien war.

Tatsächlich waren sich beide Richtungen bezüglich der »Römischen Frage« einig. Beide verband auch weiterhin ein lebhafter Antiklerikalismus, nicht zuletzt als Antwort auf wiederholte antifreimaurerische Äußerungen des Papstes, wovon es zwischen 1821 und

Das von Ettore Ferrari ausgeführte Denkmal für Giordano Bruno befindet sich auf dem Campo dei Fiori in Rom.

1894 mindestens acht gab. Die härteste war im Jahr 1884 die Enzyklika *Humanarum genus* von Leo XIII. Dieser Papst dachte nicht daran, auf die weltliche Macht der Kirche zu verzichten, überzeugt davon, sie sei für den Pontifex unabdingbar zum Schutz der Freiheit geistlicher Macht. Zwischen 1886 und

1890 gab es einen Versöhnungsversuch mit dem italienischen Staat, aber die Verhandlungen mit Francesco Crispi, einem Staatsmann mit freimaurerischem Hintergrund, führten zu keinem Ergebnis. Möglicherweise führte auch die Enthüllung des Denkmals für Giordiano Bruno 1889 auf dem Campo dei Fiori in Rom dazu, dass sich die Beziehungen des Vatikans zum Quirinal verschlechterten. Bei dieser Gelegenheit nahmen über dreitausend Freimaurer an der Feier teil und ließen den »Märtyrer des freien Gedankens« hochleben. Das Denkmal Giordiano

Die Abgeordneten des ersten italienischen Parlaments (in dessen Reihen es viele Freimaurer gab), einzeln porträtiert von Peter van Elven.

Brunos stammte von Ettore Ferrari, dem späteren Großmeister des Grande Oriente d'Italia.

Generell trug die Freimaurerei in den Jahren, in denen ein geeinter italienischer Staat entstand, viel zur Bildung einer neuen italienischen Führungsschicht bei. Diese entsprach jenem Bürgertum, das sich als Erbe jener Werte fühlte, um die es in den Kämpfen des Risorgimento gegangen war.

Reproduktion eines Siegels des Rito Simbolico Italiano, der sich 1876 in Mailand konstituierte und bis heute aktiv ist. Unter den italienischen Logen war diese in der Frage um die moralische Bildung der italienischen Führungsklasse in der Vergangenheit am sensibelsten.

Was die Ideologie betrifft, waren die Losungen eher von abstrakten Prinzipien inspiriert: Fortschritt, Brüderlichkeit, Solidarität, Lob der Arbeit, Einigung der verschiedenen Gesellschaftsklassen ... Der Konflikt mit der katholischen Kirche und die großen Differenzen in der wirtschaftlichen und sozialen Ordnung der verschiedenen italienischen Regionen trugen nicht eben zur Verwirklichung dieser Prinzipien bei. Symbolfigur dieser Epoche war der Dichter Giosué Carducci (1835–1907), ein Intellektueller und radikaler Freimaurer. Er stieg in der Ära des politischen Erfolgs von Francesco Crispi zu den höchsten Ordensgraden auf.

Die »profanen Projektionen« der italienischen Freimaurerei

Francesco Crispi, der die die Regierungsgeschäfte von 1887 bis 1896 fast

ununterbrochen führte, und Adriano Lemmi, Großmeister des Grande Oriente d'Italia zwischen 1885 und 1895, verband eine gemeinsame garibaldinische Vergangenheit sowie eine enge Freundschaft.

Seit Ende des 19. Jahrhunderts suchten die Spitzen des Staates das Gespräch mit der italienischen Freimaurerei, wenn es um die großen politisch-ökonomischen Themen der Zeit ging. Lemmi, der im Ruf eines »Bankiers des Risorgimento« stand, war 1892 in den Finanzskandal der Banca Romana verwickelt. Um zu verhindern, dass der Skandal der Freimaurerei schade, trat er 1885 von seinem Amt als Großmeister zurück, obwohl er vor Gericht freigesprochen worden war.

Der Skandal der Banca Romana hatte auch Giovanni Giolitti zum Rücktritt gezwungen, der von 1892 bis 1893, während einer Unterbrechung der Re-

Giosué Carducci (hier während einer Universitäts-vorlesung) war der vielleicht berühmteste Freimaurer des geeinten Italien, sei es in seiner Rolle als »Staats-dichter«, sei es als Lehrer und Gelehrter.

jedem politischen Lager gab es Persönlichkeiten, die der Freimaurerei verbunden waren. Ernesto Nathan, der von 1896 bis 1904 den Orden leitete, meinte dazu: »Die politische Farbe [der Freimaurerei] ist das Weiß, die Synthese aller anderen Farben außer Schwarz, der Verneinung des Lichtes«. Die konservativen und liberalen Nationalisten sahen jedoch in den freimaurerischen Organisationen die Verbündeten der radikal-sozialistischen Blöcke. Die Gründe dafür mögen entweder in der Tatsache zu suchen sein, dass viele militante Demokraten Zuflucht in den Logen gesucht hatten,

gierungstätigkeit Crispis, das Amt des Ministerpräsidenten innehatte und 1910 gewählter Senator wurde. Die sogenannte »Ära Giolitti« begann tatsächlich erst 1903 und endete 1913. Im Laufe dieses Jahrzehnts wurde der Nationalismus, den sowohl konservative als auch demokratische Kräfte guthießen, zum gemeinsamen Nenner verschiedenster politischer Ideologien. In

Die Freimaurerei fand sich gegenüber Mussolini in der Situation wieder, von der Verbün-deten-Rolle in die »feindliche« Rolle geraten zu sein. Oben: Verhaftung nach einer interven-tionistischen Veranstaltung. Unten: Auszüge aus der Rede zur Vorlage des Antifreimaurer-gesetzes. Mussolini behauptete, dass die italienische Gesellschaft von einer Schar mittel-mäßiger Männer beherrscht werde, die nur an die Macht kamen, weil sie Freimaurer seien.

Aus der Rede Mussolinis vor dem Parlament (16. Mai 1925)

»Während dieser Monate in der Regierung [...] habe ich festgestellt, dass die Freimaurerei ihre Männer in dem, was ich den Lebensnerv des italienischen Lebens nenne, unterge-bracht hat. Es ist beispiellos, dass Beamte höchsten Ranges die Logen frequentieren, die Logen informieren, Befehle von den Logen erhalten. Es gibt keinen Zweifel daran, dass die empfindlichsten Institutionen des Staates [...] unter dem Einfluss der Freimaurerei gelitten haben und leiden. Das ist unzulässig, das muss aufhören.« Und schließlich endet Mussolini mit der Erklärung: »Die
Freimaurerei hat uns bekämpft, sie hat uns schikaniert, sie hat versucht, uns zu teilen und zu zersetzen, und in bestim-mten Städten ist es ihr gelungen, ein Dissidententum zu schaffen, das idio-tischer als üblich ist, weil es diese unterirdische Ursprünge hat. Aus all diesen Gründen, wenn es nicht noch andere gäbe, sind wir in unserem vollen und sakrosankten Recht, uns zu verteidigen und anzugreifen«. Das Gesetz zum Verbot von Geheimgesell-schaften, das Mussolini vorschlug und mit Bezügen ausschließlich auf die Freimaurerei illustrierte, wurde 3 Tage später angenommen.

als im reaktionären Biennium der Regierung Pelloux gegen Ende des 19. Jahrhunderts die Sektionen der Parteien geschlossen und die oppositionelle Presse abgeschafft wurde, oder aber auch in den anhaltenden Auseinandersetzungen mit der Kirche von Rom (siehe S. 76–77). Jedenfalls attackierte zum Beispiel der liberale Philosoph Benedetto Croce (1866–1952) auf Grundlage dieser Überzeugung »die idiotische Freimaurerreligion« als ein Erbe, das man der Französischen Revolution zu verdanken habe. Auf der anderen Seite ließ sich die ideologische Polemik in einer historischen Epoche nicht vermeiden, in der die italienische Freimaurerei offenbar nicht die Weisheit oder den Willen besaß, sich »profaner Projektionen« zu enthalten, wie der freimaurerische Historiker A. A. Mola schreibt.

Die fragwürdigste dieser »Projektionen« war vielleicht die offen interventionistische Position zu Beginn des Ersten Weltkriegs. Der Grande Oriente stellte sich nämlich an die Seite von Konservativen, Liberalen, Demokraten, Anhängern Mazzinis, Anarcho-Syndikalisten und Anarchisten und sprach sich für einen Kriegseintritt Italiens aus. Damit riskierte er, die Zustimmung der Basis zu verlieren. Zu dieser zählten nämlich auch Befürworter der Neutralität, die dem Block Giolittis oder der Sozialistischen Partei nahe standen und absolut keine »Interventionisten«

Giovanni Giolitti. Die guten Beziehungen zwischen dem politischen Block Giolittis und der italienischen Freimaurerei gingen in die Brüche, als der Staatsmann gegenüber den Klerikalen und in der Frage des Interventionismus nachgab.

waren. Während eines Konventes der Würdenträger des Schottischen Ritus aus verschiedenen, alliierten und neutralen Ländern im Jahr 1917 in Paris stimmte auch die italienische Vertretung einer grundsätzlichen Forderung zu: die vom Konflikt betroffenen Bevölkerungen ethnisch gemischter Regionen sollten nach Kriegsende mittels eines Referendums über die eigenen Grenzen abstimmen dürfen. Der Grande Oriente, des Verrates beschuldigt, widersprach der von seiner Vertretung in Paris eingenommenen Position und unterstützte hingegen offiziell die Ansprüche der nationalistischen Front auf die Gebiete der Adriaküste im östlichen Mittelmeer sowie der Kolonien.

Freimaurerei *made in USA*

Die Geschichte der Freimaurerei gestaltet sich in den Vereinigten Staaten deutlich anders als in romanischen Ländern. Die Institution ist seit den 1730er-Jahren in den Vereinigten Staaten engmaschig verbreitet, heute zählt man dort 49 Großlogen mit mehr als drei Millionen Mitgliedern. Die Vielfalt der religiösen Konfessionen hat verhindert, dass ein langer Konflikt mit der katholischen Kirche die gleichen schädlichen Folgen nach sich gezogen hätte wie in Europa. Dies brachte eine engere und gleichzeitig transparentere Verflechtung zwischen der freimaure- rischen und der kollektiven Geschichte mit sich. Häufig hatten politische und wirtschaftliche Führungskräfte hohe Positionen in der Freimaurerhierarchie inne. So waren zahlreiche Präsidenten Mitglieder der nordamerikanischen Freimaurerei, die sich als eine Art Labor zur *leadership* des Landes erwies. Aber auch in den USA konnte sich die Freimaurerei Konfrontationen nicht ganz entziehen und gewisse Widersprüchlichkeiten waren unvermeidlich. Ein Beispiel dafür ist eine Äußerung gegen den Kommunismus im Jahr 1948, was ja dem Prinzip widerspricht,

Theodore Roosevelt (1858–1919), einer der Präsidenten der USA, der auch Freimaurer war. Während seines Mandates (1901–1908) erweiterte er den Einfluss der USA in Lateinamerika, indem er die Tendenz des US-amerikanischen Kapitals unterstützte, dem Kontinent den sogenannten »Dollarimperialismus« aufzuzwingen. Bereits seit den Zeiten J. Monroes (Präsident von 1816–1824 und ebenfalls Freimaurer) verbarg diese Tendenz ganz reale monopolistische Wirtschaftsinteressen hinter dem Bild eines Landes, das die Freiheit der Völker vor dem europäischen Kolonialismus verteidigte.

Arbeiter am Fließband bei Ford in Detroit, die das berühmte Modell »T« zusammensetzen, das erste serienmäßig hergestellte Automobil der Geschichte.

als Institution auf die Politik keinen Einfluss zu nehmen. Noch größeres Unbehagen löst die Frage nach den Beziehungen zur farbigen Bevölkerung aus. Die Freimaurerei sagte sich zwar von Organisationen wie dem Ku Klux Klan los, aber man darf nicht vergessen, dass ausgerechnet Albert Pike (*siehe* S. 68), dem man die Aufstellung der in den USA immer noch praktizierten schottischen Grade verdankt, dem moderaten Flügel des Klans angehörte. Einer rassistischen Tradition folgend, setzen sich in einigen Staaten Logen noch immer ausschließlich aus Weißen zusammen, auch wenn Schwarzen rein formal der Eintritt nicht verwehrt würde. Diese ziehen es andrerseits vor, in den ausschließlich Farbigen vorbehaltenen Großlogen zusammenzukommen, die nach dem Gründer der ersten derartigen Loge seit Ende des 18. Jahrhunderts Prince Hall genannt werden. Heute gibt es neununddreißig dieser Logen.

Henry Ford (1863–1947), der 1903 die nach ihm benannte Automobilgesellschaft gründete, passte als Freimaurermeister der Loge Palestine in Detroit die freimaurerische Ethik einer Weltsicht an, die von einem intellektuellen Elitedenken geprägt war. Zur Verteidigung des Fließbands führte er unter anderem an, dass für bestimmte Gehirnarten das Denken eine Qual sei. Das biblische Gebot »Du sollst nicht stehlen« interpretierte er reduzierend als das heilige Fundament des Privateigentums. Aus Positionen heraus, die dem wissenschaftlichen Sozialismus genau entgegengesetzt waren, sah auch er in der Arbeit das, was den Menschen positiv ausmacht. Vor allem aber förderte er eine antisemitische Kampagne und erreichte 1921, dass ein restriktives Einwanderungsgesetz verabschiedet wurde, das zum Ziel hatte, die Einwanderung von Juden in die Vereinigten Staaten von Amerika einzuschränken.

Der Faschismus ...

Im Jahr 1908 stand die italienische Freimaurerei (Grande Oriente d'Italia, mit Sitz im Palazzo Giustiniani) vor einer Spaltung, die zur Einsetzung eines Obersten Rates an der Piazza del Gesù in Rom führte, der vier Jahre danach beim Internationalen Konvent der Obersten Räte des Schottischen Ritus zugelassen wurde.

Insbesondere die Freimaurerei von der Piazza del Gesù unterstützte den Aufstieg des Faschismus. Bereits 1919 hatte sie die Besetzung von Fiume unter dem Kommando von Gabriele d'Annunzio unterstützt. Aber auch der Großmeister des Grande Oriente, Domizio Torrigiani, wünschte nach dem sogenannten »Marsch auf Rom« der Regierung Benito Mussolinis Erfolg. Ein Jahr danach erklärte er jedoch, einige Grund-

prinzipien, z. B. die Freiheit, seien unverzichtbar. Torrigiani wurde daraufhin von der Regierung auf die Liparischen Inseln verbannt.

Wenn man grundsätzlich der These folgt, die Freimaurerei von der Einigung Italiens bis zum Faschismus sei »die wahre und authentische Partei des italienischen Bürgertums« gewesen (E. Ragionieri: *Storia d'Italia: dall'Unità a oggi*, Turin 1976), konnte der Orden nur die Sichtweisen dieser Schicht und deren ernsthafte Schwierigkeiten Ende des Ersten Weltkriegs widerspiegeln. Die Wirtschaft war zusammengebrochen. Die Militärs waren bitter enttäuscht wegen des gebrochenen Versprechens, als Ausgleich für die Opfer an der Front Ländereien zu bekommen. Da war das Bedürfnis der Katholiken, ihre Identität zu definieren, indem sie sich sowohl von den Liberalen als auch den Sozialisten abhoben. Dann gab es noch Forderungen von Arbeitern und Gewerkschaften, die

Der »Marsch auf Rom« am 28. Oktober 1922.

Eine bewaffnete Gruppe der »Roten Garden« in einer besetzten Fabrik in Turin (September 1920). Die Furcht, Italien könnte es der Sowjetunion gleich-tun und die Initia-tiven der Arbeiter könnten in eine radikale Veränderung der politi-schen, wirt-schaftlichen und

sozialen Ordnung des Landes umschlagen, ist einer der Gründe, mit denen sich die Toleranz und Unterstützung von Seiten der staatlichen Bürokratie und des Militärs gegenüber den herrschenden faschistischen Schlägertrupps erklären lassen.

als Bedrohung empfunden wurden und die Angst vor einer »bolschewistischen Revolution« auch in Italien schürten. Nach der Besetzung der Fabriken im Jahr 1920 ließ die Annahme, nur ein »starker Staat« könne die »rote Gefahr« abwenden, Großgrundbesitzer im Süden sowie Gutsbesitzer und In-dustrielle im Norden zusammenrücken, die sich vom Kampf der Tagelöhner und Arbeiter bedroht fühlten. In dem Block sammelten sich auch Teile der Armee und der Bürokratie, ein nicht unerheb-licher Teil der freimaurerischen Basis Italiens. Das Biennium von 1920–1922 war eine Zeit interner Konflikte für die Freimaurerei. Es gab wohl nur sehr wenige Affinitäten zwischen einem Ubaldo Triaca, »Freundschaftsbürge« beim Grand Orient von Frankreich und überzeugter Antifaschist, und einem

Luigi Capello, der am »Marsch auf Rom« teilnahm. Als Letzterer allerdings 1925 aufgefordert wurde, sich zwischen seiner Mitgliedschaft im Orden oder in der Partei zu entscheiden, stand er zu seinem Freimaurertum. Anschließend wurde er zu dreißig Jahren Kerker ver-urteilt, weil er angeblich ein Attentat auf das Leben des Duce geplant hatte. Unter den Freimaurern der Vereinigten Staaten machte man sich Sorgen wegen der italienischen »Unruhen«. »Italie-nisch« war im Zusammenhang mit den Ereignissen um Salsedo, Sacco und Vanzetti ein Synonym für »anar-chistisch« geworden. Nach dem Marsch auf Rom traf bei den dortigen Brüdern ein Beruhigungstelegramm der Großloge ein: Italien sei endlich in eine Ära der Ordnung und des Friedens eingetreten.

Die Freimaurer, die trotz der feindlichen Haltung des faschistischen Regimes keinerlei Dissens erklärten, waren zahlreich. Wegen seiner Bedeutung soll hier einer von ihnen, der Geschäftsführer der FIAT, Vittorio Valletta, erwähnt werden, der es verstand, die Firmenpolitik mit großem Geschick durch die gesamte Ära des Faschismus hindurch zu lenken (auf dem Foto eine Presse in der FIAT-Fabrik).

Die Zeugenschaft Giovanni Amendolas

Giovanni Amendola gehörte zu Zeiten des Aufstiegs des Faschismus zu den konsequentesten Vertretern der Freimaurerei und war bereit, für seine Prinzipien persönlich einzustehen. Er war 1920 Unterstaatssekretär im Finanzministerium, gründete dann »Il Mondo«, die letzte der Zeitungen, die sich dem Regime ergaben. Nach dem Mord an Matteotti im Juni 1924 protestierte er heftig gegen dessen Mörder und ihre Auftraggeber, obwohl er bereits im Dezember des Vorjahres bei einem Spaziergang im historischen Zentrum Roms von vier »Schwarzhemden« verprügelt worden war. Ein Jahr danach wurde er ein zweites Mal brutal zusammengeschlagen, wieder in Rom. Ein drittes Mal in Lucca sollte sich als tödlich erweisen. Im französischen Exil in Cannes starb er im April 1926 an den Folgen seiner Verletzungen. Sein Grabstein auf dem Friedhof der Croisette trägt die Inschrift: »Hier lebt Giovanni Amendola und wartet ...«

Links: Giovanni Amendola, Freimaurer und Liberaler, gedenkt in Florenz des sozialistischen Abgeordneten und Generalsekretärs der PSU Giacomo Matteotti, der ermordet wurde, weil er das Klima der Einschüchterung angeprangert hatte, in dem sich die Wahlen von 1924 abspielten.

Benito Mussolini startete im Februar 1923 eine antifreimaurerische Kampagne und forderte die Mitglieder der faschistischen Partei auf, jede Verbindung zu den Logen zu lösen. Der Protest des Großmeisters Domizio Torrigiani wurde durch den amerikanischen Präsidenten W. G. Harding, 32. Grad des Alten und Angenommenen Schottischen Ritus, unterstützt. Er erklärte, er sei nicht bereit, die Akkreditierung des neuen italienischen Botschafters in den USA entgegenzunehmen, wenn die Feindseligkeiten gegen die Freimaurerei in Italien nicht unterblieben. Nach dem Tod Hardings wurden die brutalen faschistischen Attacken gegen die Logen allerdings wieder aufgenommen. Großes Gewicht hatte dabei sicherlich die Position des aggressiven, antibürgerlichen und populistischen Flügels des Faschismus, denn dieser sah in den liberalen Freimaurern, die der Partei beigetreten waren, ehrgeizige und opportunistische, einzig von Machthunger beseelte Leute. Dazu kam die Position der katholischen Ex-Nationalisten, die erst seit wenigen Monaten vermehrt in die Partei geströmt waren. 1925 verbreitete die Partei ein vertrau-

liches Rundschreiben, das einen gründlichen Kampf gegen die Freimaurerei nahelegte. Mussolini persönlich präsentierte ein Antifreimaurergesetz (*siehe* S. 80). Nach dessen Billigung im November 1925 sah sich Domizio Torrigiani zur Auflösung des Ordens gezwungen. Im Oktober 1926 wurde die Obedienz (Großloge) von der Piazza del Gesù ebenfalls aufgelöst.

Brüder, die die eigene spirituelle und moralische Identität hartnäckig verteidigten, riskierten nun Gefängnis, Verbannung oder Exil. Und es gab jene Brüder, die weiterhin hoch angesehene Positionen in der italienischen Gesellschaft bekleideten, wie Vittorio Valletta (1883–1967), der von 1929 bis 1946 Generaldirektor und Geschäftsführer von FIAT war.

... und der Nationalsozialismus

Am 30. Januar 1933 wurde Adolf Hitler Reichskanzler und die NSDAP begann alle anderen politischen Kräfte in Deutschland auszuschalten.

Die Partei hatte unter Hitler und mit Unterstützung Alfred Rosenbergs eine Ideologie entworfen, die sich auf die Überlegenheit der »arischen Rasse« berief, die das Recht habe, sich auf jede erdenkliche Art und Weise zu schützen. Außerdem nützte man die Angst vor dem Bolschewismus, der die schlimmste und gefährlichste Verkörperung einer degenerierten und inferioren Menschheit sei, die mit dem Judentum gleichgesetzt wurde. Im Hinblick auf die historische und kulturelle Realität der dämonisierten Kräfte wurde dieses Bild noch zusätzlich verzerrt durch die Überzeugung, die Freimaurerei sei der »lange Arm des internationalen Judentums«; gemeinsamen hätten sie es auf die Weltherrschaft abgesehen.

Natürlich hatte die Freimaurerei mit dem Kommunismus überhaupt nichts gemein. Im 18. Jahrhundert war der Orden in Russland sehr stark. Erst 1822 wurde er durch ein Dekret des Zaren geächtet. Nach einem schwachen Wiederaufleben zu Beginn des 20. Jahrhunderts (*Freimaurerei der Duma*) mit einer politisch den Menschewiken nahe stehenden Orientierung, hatte er dem Sieg der Bolschewiken nicht stand-

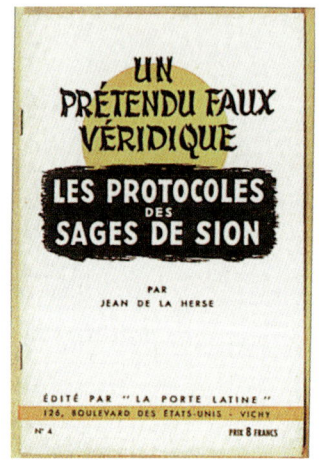

Französische Ausgabe der Protokolle der Weisen *von* Zion, *eine berühmte Fälschung, die Anfang des 20. Jh in Russland entstand. Den angeblichen Verschwörern, die beabsichtigten, sich der Weltherrschaft zu bemächtigen, schreibt man folgende Absicht zu:* »So lange wir noch nicht zur Herrschaft gelangt sind, müssen wir [...] in der ganzen Welt die Zahl der Freimaurerlogen möglichst vermehren. Wir werden den Einfluß der Logen dadurch verstärken, dass wir ihnen alle Persönlichkeiten zuführen, die in der Öffentlichkeit eine hervorragende Rolle spielen [...]. In diesen Logen werden die Fäden aller umstürzlerischen und freisinnigen Bestrebungen zusammenlaufen. [...] Die geheimsten Pläne der Staatskunst werden uns am Tage ihrer Entstehung bekannt werden und sofort unserer Leitung verfallen. [...] Zu den Mitgliedern der Loge werden fast alle Polizeispitzel der Welt gehören, deren Tätigkeit für uns ganz unentbehrlich ist.«

Bild vom KZ Birkenau. Die nationalsozialistische Propaganda, Juden und Freimaurer seien gleichermaßen Feinde der Menschheit, hatte zur Folge, dass auch mehrere Hundert »arische« Freimaurer in Konzentrationslagern interniert wurden.

halten können. Außerdem hatte die Dritte Internationale in Moskau 1922 offiziell erklärt, Kommunismus und Freimaurerei seien unvereinbar. Diese strebe nämlich eine Einigung zwischen den verschiedenen Gesellschaftsklassen an und habe antimaterialistische Ansätze. Darüber hinaus wurde ihr unterstellt, sie sei einer kapitalistischen Gesellschaftssicht verpflichtet. Schließlich überlebten in der Sowjetunion die aus dem Rußland des 19. Jahrhunderts stammenden Vorurteile gegen die Juden und die Theorie vom Komplott des internationalen Zionismus. Andererseits vertrat der Nationalsozialist J. Streicher 1935, als die Sowjetunion in den Völkerbund aufgenommen wurde, die These, die Regierungen jener Länder, die für eine Aufnahme gestimmt hatten, müssten Verbindungen zu der geheimen Weltregierung haben, die aus dreihundert Personen bestünde, die alle jüdischer »Rasse« und Freimaurer seien.

Die deutsche Freimaurerei war 1935 auf Befehl der Reichsregierung und des Innenministers verboten worden. Bei der Machtergreifung Hitlers 1933 gab es neun Großlogen, drei sogenannte Altpreußische und sechs Humanitäre. Die Altpreußischen hatten eine nationalistischere Ausrichtung und nahmen ausschließlich Mitglieder christlichen Glaubens auf. Die Humanitären standen der Großen Loge von England näher. Sie hatten sich gleich 1933 zur Selbstauflösung entschlossen, während eine der Altpreußischen Großlogen versuchte, im Regime weiterzuleben, indem sie die ihr unterstehenden Logen aufforderte, das Ritual zu ändern und jeglichen Bezug auf das *Alte Testament* zu eliminieren. Der Name Hiram (*siehe* S. 25–28) sollte durch »Baumeister« ersetzt werden. Man verzichtete auf das Geheimnis der Einweihung. »Kompetente Funktionäre« der Partei und des Staates konnten an den Arbeiten der

Logen teilnehmen. Man verpflichtete sich, die »arische Herkunft« der Mitglieder zu überprüfen. Aber auch diese Loge, die sich in Deutsch-Christlicher Orden umbenannt hatte, überlebte nur kurz. Erst Verlauf und Ausgang des Krieges setzten der deutschen Propaganda gegen die »jüdisch-freimaurerische Verschwörung« ein Ende. Ironie des Schicksals ist, dass diese Verschwörungstheorie ausgerechnet in jenem Deutschland aufgeflammt war, in dem im Jahrhundert zuvor die von Kaiser Wilhelm I. protegierte Großloge Royal York beschlossen hatte, keine Juden in ihren »christlichen« Schoß aufzunehmen. Ob nun Faschismus oder Nationalso-zialismus, generell hatte die Freimaurerei bei totalitären Regimes keine Chance. So wurde sie in Spanien und Portugal wegen ihrer vorwiegend demokratischen und antiklerikalen Ausrichtung während der Diktaturen von Francisco Franco beziehungsweise Antonio Salazar verfolgt. Auf der anderen Seite hat sie in diesen Ländern einen mächtigen Gegner im Opus Dei. Diese seit 1928 aktive katholische Organisation hat das erklärte Ziel, dass ihre Mitglieder die Botschaft des Evangeliums stärker in ihr privates, berufliches, politisches und soziales Leben integrieren. Das Opus Dei ist hierarchisch strukturiert und bindet seine Mitglieder durch eine Reihe von Pflichten an sich.

Freimaurerei und die Welt des Kommunismus

Die antifreimaurerischen Positionen der Sowjetunion weiteten sich ab dem Vierten Kongress der Dritten Internationale (1922) auf alle Parteien aus, die sich auf ihn bezogen, und nach dem Ende des Zweiten Weltkrieges auf alle Länder des Ostblocks. Daher wurden die Logen Ungarns (1950), der Tschechoslowakei, Polens und der DDR per Staatsdekret aufgelöst. In Italien hingegen wurde der Freimaurerei, auch wenn sie als eine rein bürgerliche Kraft angesehen wurde, nach der Bildung der Kommunistischen Partei 1921 durchaus die Achtung Antonio Gramscis zuteil. Er schätzte ihre Effizienz, den staatsbürgerlichen Sinn und ihre Distanz zu den klerikalen und reaktionären politischen Kräften. Auch Palmiro Togliatti enthielt sich, in einer generellen Neueinschätzung der »aufgeklärten« Aspekte der bürger-lichen Kultur, einer Dämonisierung. E. Berlinguer und Giorgio Amendola (Sohn von Giovanni, Partisan, Politiker und Autor) stimmten auch in jüngerer Zeit nicht in den Chor jener ein, die die Freimaurerei in ihrer Gesamtheit als Deckmantel für nationale und internationale politische Intrigen und als Netzwerk mehr oder auch weniger legaler Geschäfte deuteten. Vielleicht, weil sie die grundlegenden ideellen Werte vor Augen hatten, da beide einen Freimaurer als Vater gehabt hatten. Besondere Erwähnung verdienen China, wo den Logen mit europäischem Ansatz, deren Mitglieder Angehörige ausländischer Unternehmen im Land sind, die Arbeit gestattet wurde, sowie Kuba, wo die Freimaurerei trotz einiger Spannungen vom Castro-Regime nie für illegal erklärt wurde.

Ein türkisches Kaffeehaus. Bis heute hängt in jedem öffentlichen Raum ein Bildnis Mustafa Kemals, genannt Atatürk, der »Vater der Türken« (hier auf einem Foto über der Uhr zu sehen).

und 1923 als gewählter Präsident der jungen Republik bis zu seinem Tode 1938 unangefochtenes Staatsoberhaupt war. Er war Mitglied der Loge Macedonia Resorta et Veritas in Saloniki, die nach der italienischen Konstitution arbeitete. Im Laufe der Diktatur ging er immer stärker auf Distanz zur Freimaurerei. Diese stellte ihre Tätigkeit in der Türkei 1935 schließlich ganz ein. Die Hauptziele Mustafa Kemals waren unter anderem die Säkularisierung und Modernisierung des Staates. Er schaffte das Kalifat ab, setzte das allgemeine Wahlrecht durch, erklärte die Gleichheit der Geschlechter, übernahm das lateinische Alphabet für die türkische Sprache, den gregorianischen Kalender und das Dezimalsystem. Dieser laizistischen »Öffnung« entsprach allerdings auch die Verfolgung einer Richtung, die in der islamischen Welt von tiefer esoterischer Bedeutung ist: der Sufismus. Ein solches Verhalten, unverständlich bei einem Mann freimaurerischer Prägung, scheint die These zu bestätigen, dass eine Partei oder eine Person, die beabsichtigt, sich zum absoluten Mittelpunkt des Lebens aller zu machen, unausweichlich andere Formen »konstruktiver« Spiritualität eliminieren muss.

Dazu gehören Verschwiegenheit und Gehorsam (zum Beispiel nur bei Priestern zu beichten, die dem Opus Dei angehören, oder sich im Gespräch dem zuständigen geistlichen Leiter »anzuvertrauen«). Das Opus Dei forciert die Aktivität seiner höheren Kader »in der Welt«. Ihnen sind die Instrumente der Politik, der Finanzwelt und der Kultur durchaus erlaubt, um »die Gesellschaft zu Gott zurückzuführen«. Einzigartig ist der Fall der Türkei, wo Mustafa Kemal Atatürk an der Spitze der Revolte der »Jungtürken« den letzten Sultan Mohammed VI. abgesetzt hatte

Heute in Italien

Die Wiederauferstehung der Freimaurerei im Nachkriegsitalien erfolgte sehr rasch, allerdings war sie, ebenso wie die politische Landschaft, bemerkenswert zersplittert. Es gibt tausend kleine Strömungen, ihre »reguläre« Form aber hat sie als Grande Oriente d'Italia, der 1972 von der Vereinigten Großloge von England anerkannt wurde. Ihm unterstehen etwa 600 Logen mit insgesamt 18 000 Mitgliedern. Der Verwaltungssitz befindet sich in Rom in der Medici-Villa Il Vascello. Dem anderen großen italienischen Freimaurerverband, der Gran Loggia Nazionale, deren Sitz sich im Palazzo Vitelleschi an der Piazza del Gesù in Rom befindet, sind etwa 250 Logen mit 6000 Mitgliedern untergeordnet. In den Regionen Toskana, Umbrien und Kalabrien sowie in der Romagna, vor allem in der Gegend um Ravenna, ist die Logentätigkeit besonders rege.

Soziologisch gesehen gibt es in Italien eine starke Tradition der Militärlogen. Stark vertreten sind jedoch auch Politiker – man spricht von etwa siebzig Parlamentariern –, Ärzte, Rechtsanwälte, Juristen, Physiker, Universitätslehrer, Richter – obwohl der Oberste Rat der

Richter und Staatsanwälte CSM sich gegen eine Mitgliedschaft von Richtern bei der Freimaurerei ausgesprochen hat – und, vor allem in der Vergangenheit, Persönlichkeiten aus der Welt des Theaters, des Films und des Fernsehens. Bleibt die Frage, was jemanden in Italien dazu bringen kann, der Freimaurerei beizutreten. Einem freimaurerischen Historiker zufolge handelt es sich um eine idealistische Motivation: »Die massive Präsenz von Wissenschaftlern, Staatsmännern, Kulturschaffenden, Künstlern und qualifizierten Selbständigen in der Freimaurerei lässt annehmen, dass in der Loge eine Syn-

Francesco Crispi (1818–1901), viele Jahre Ministerpräsident im geeinten Italien, war eines der Mitglieder der Loge Propaganda, Vorläuferin der Loge P2.

Ein Zeugnis für die Bedeutung der Adepten der Freimaurerei ist das monumentale freimaurerische Pantheon, das sich auf dem Friedhof Campo Verano in Rom befindet.

Der Skandal um die Loge P2

Innerhalb des Prozesses der Wiederherstellung von Traditionen und des Findens einer modernen Identität waren die Ereignisse um die Loge P2 der italienischen Freimaurerei ganz bestimmt nicht zuträglich. Wie sehr man dies auch als »Verirrung« ansehen mag, für die Mitglieder selbst kam jedenfalls auch ans Licht, dass es innerhalb des Ordens eine Gruppe gab, die skrupellos Geschäfte machte und sogar umstürzlerische Pläne hatte. Jedenfalls beschädigte das die Reputation der Freimaurerei sehr, auch wenn sich der Grande Oriente nun an die Verfügungen der sogenannten »legge Spadolini sulla P2« von 1981 hält. Dieses Gesetz verbietet neben der beschuldigten Loge generell alle Geheimlogen und ordnet an, dass die Mitgliederlisten zugänglich zu sein haben. Noch zu Beginn der 1990er-Jahre ergab eine Umfrage, dass 31% der Italiener die Freimaurerei als »eine Vereinigung zum Karrieremachen« und weitere 27% als »eine gefährliche antidemokratische Organisation« ansahen. Die Zweckmäßigkeit solcher Vereinigungen begründete man damit, dass Ambulanzen, Spitäler, Stipendien etc. von der Freimaurerei finanziert würden, wofür man »die Koordinierung durch eine Loge brauchen könnte, zu

these von Wissenschaft und Freiheit, das heißt zwischen ›Ordnung‹ und ›Spontaneität‹, zwischen ›Natürlichkeit‹ und rationaler Organisation gesucht wird« (A. A. Mola: *Storia della Massoneria in Italia*, in: *Storia d'Italia: dalla civiltà latina alla nostra Repubblica*, Novara 1981). Sicher haben auch manche den Wunsch, ihrer Sehnsucht nach geistiger Veredelung mithilfe ritueller Erfahrungen eine esoterische Note zu geben. Hört man allerdings auf das, was auch viele freimaurerische Meinungsmacher als Gefahr sehen, so könnte man annehmen, für viele Personen stünden weniger noble Interessen im Vordergrund, als vielmehr die Hoffnung, durch die Solidarität unter Brüdern Vorteile zu erlangen, oder einfach das Vergnügen, einem exklusiven »Club« anzugehören.

Die Überschrift eines Artikels in der Zeitschrift »L'Espresso«. Er bezieht sich auf die Möglichkeit, als Freimaurer der italienischen Partei der Demokratischen Linken beizutreten. Dies sollte eigentlich durch den Artikel 8 der Verfassung ausgeschlossen sein, der den Beitritt zu einer Partei als »unvereinbar mit einer Mitgliedschaft oder der Teilnahme an Vereinigungen, die eine vertrauliche Bindung und Formen der gegenseitigen Unterstützung mit sich bringen«, bezeichnet.

MASSONI
Falce e compasso

I Ds toscani vogliono aprire le porte ai "fratelli". Ma nel partito si scatena un putiferio

IL PROBLEMA È STATO POSTO IN Toscana, regione ad alta densità massonica. Può un "fratello" affiliato ad una loggia iscriversi al partito dei democratici di sinistra? La sollecitazione a rispondere positivamente è venuta dai Ds di Siena, che hanno chiesto di modifi-

deren Mitgliedern Personen aus den verschiedensten Bereichen des sozialen Lebens gehören« (Ambesi).

Dass allerdings ein Gemeinschaftsgeist das ethische Ziel eines Licio Gelli gewesen sein soll, der 1965 der Freimaurerei beitrat und innerhalb kürzester Zeit Meister vom Stuhl der Loge P2 wurde, die »geheim«, aber trotzdem mit dem Grande Oriente im Palazzo Giustiniani verbunden war, mutet zumindest zweifelhaft an. Gelli verfügte über Verbindungen zur internationalen Finanzwelt, zu Geheimdiensten und zu den Armeespitzen. Diesbezüglich schrieben die Richter, die sich mit dem 1980 erfolgten Bombenanschlag auf den Bahnhof von Bologna beschäftigten, dessen Ermittlung Gelli massiv behindert hatte: »Vor dem Hintergrund, dass Gelli den militärischen Bereichen eine generelle Aufmerksamkeit zukommen ließ, erscheint jene Aufmerksamkeit, die der kleinen Elite von Offizieren galt, die nacheinander im Kommando der verschiedenen Sicher-

heitsdienste saßen, in besonderem Licht. Der Bericht der Untersuchungskommission gelangt zu zwei interessanten Schlussfolgerungen: Gelli gehört den Geheimdiensten in einer Spitzenfunktion an. Die Loge P2 und Gelli zeigen, wie stark die amerikanische Freimaurerei und der CIA auf den Palazzo Giustiniani seit seiner Wiederöffnung in der Nachkriegszeit Einfluss nehmen«. Im zweiten Band der *Enciclopedia Massonica* vom Oktober 1997 steht zu lesen: »Der Fall P2 ist sozusagen ein Beispiel für zwiefache Antifreimaurerei. Dies ergab sich einerseits daraus, dass ein kleiner Bereich innerhalb der Freimaurerei, in dem Alleingänge und verschiedene Strömungen aus Politik und Wirtschaft miteinander verflochten waren, gründlich vom rechten Pfad abgekommen war. Auf der anderen Seite hagelte es seitens der

Licio Gelli. Am Vorabend des Urteils des Obersten Gerichtshofs, der am 22. April 1998 seine Verurteilung zu 12 Jahren Gefängnis bestätigte, floh er aus der Villa in Arezzo, wo er überwacht wurde. Das gab neuen Gerüchten Nahrung, die P2 habe überlebt.

Politik und Wirtschaft sowie des ihnen hörigen Journalismus undifferenzierte Attacken.« Dem gewöhnlichen Bürger bleiben jedenfalls Zweifel: Wem kommt die Aufgabe zu, die »Verirrungen« einer Institution aufzudecken und ihnen vorzubeugen? Jenen, die an ihrer Spitze Verantwortung tragen, oder jenen, die, auch außerhalb dieser Organisationen, die Folgen dieser Verirrung tragen müssen? Solche Fragen haben natürlich nur in einer funktionierenden Demokratie einen Sinn.

P = Propaganda

Das P der bekannten Abkürzung P2 bedeutet »Propaganda«. Das ist der Name einer Loge, die 1877 mit dem Ziel entstand, »diejenigen Männer aktiv und an den Orden gebunden und in direkter Beziehung zum Grande Oriente zu halten, die sonst ihrer sozialen Position wegen den regulären Logen nicht beitreten und an deren Arbeit nicht teilnehmen könnten« (U. Bacci: Il libro del Massone Italiano, Bologna 1972). Dies trug sich in einem historischen Klima zu, in dem viele Mitglieder der Freimaurerei eine sehr wichtige Rolle bei der Neuordnung des geeinten italienischen Staates spielten. Tatsächlich zählten zu den Mitgliedern dieser Loge Namen wie G. Garibaldi, die Politiker A. Saffi, G. Zanardelli, A. Bertani und F. Crispi, der Rechtsphilosoph G. Bovio und der Dichter G. Carducci. Dass solche »sozialen Positionen« unvereinbar mit der Teilnahme an der regulären Logenarbeit sein könnten, ist verständlich. Da aber die Freimaurerei die Teilnahme an diesen Arbeiten für den Aufbau und den spirituellen Weg des Einzelnen als essenziell ansieht, lässt sich daraus erkennen, dass hier seit den Anfängen der Loge Propaganda Interessen besonders profaner Natur nachgegangen wurde. Diese Einschätzung wird durch die Tatsache bestätigt, dass bereits ein erster Skandal, nämlich jener der Banca Romana von 1892–1893, in den einige der Logenmitglieder verwickelt waren, eine Krise dieser »atypischen« Loge verursacht hatte. Nach der Ära des Faschismus bildete sie sich wieder neu und fügte die Ziffer 2 hinzu, um ihre alte Tradition zu betonen: unter den noch aktiven Logen konnte sie sich nämlich eines Alters rühmen, dem nur die Loge Santorre di Santarosa von Alessandria überlegen war.
Dieses Wiedererwachen erfolgte »von Seiten des Grande Oriente immer mit dem Ziel, eine Loge unter der Hand zu haben, die die angesehensten Vertreter der Staatsorgane und der freien Berufe versammelte« (A. C. Ambesi: I Maestri del Tempio, Milano 1995).

Die weltweite Freimaurerei

England ist das Land, in dem der Prozentsatz der Freimaurer im Vergleich zur Gesamtheit der erwachsenen männlichen Bevölkerung am höchsten ist. Im Norden liegt er mit 15% höher als im restlichen Land (8%).

Allein in London sind gut 1800 Logen aktiv. Auch in Australien und in den Vereinigten Staaten gibt es weite Gebiete, die einen Anteil von über 5% haben und es gibt keine Logen, in denen der Anteil der Brüder unter 1% der Bevölkerung liegt. Im Gegensatz dazu ist die freimaurerische Präsenz in einem Großteil Afrikas, in China und großen Teilen Asiens völlig zu vernachlässigen. Ähnlich verhält es sich in den Ländern des ehemaligen Ostblocks, wenn man von einer eventuellen Erholung nach den radikalen politischen Veränderungen in diesen Teilen der Welt absieht. Da eine detaillierte Analyse hier nicht möglich ist, sollen knappe Informationen ein Bild der »Geografie der Freimaurerei« wenigstens skizzieren.

Ägypten: Hier arbeitet ein irregulärer Großorient von Ägypten mit Sitz in Alexandria.

Belgien: Es gibt eine dichte freimaurerische Präsenz. Aber wie in Frankreich gibt es mehr irreguläre Großlogen (Grand Orient) als reguläre. Letztere werden seit 1979 von einer Grande Loge de Belgique organisiert.

Unter den US-amerikanischen Logen zeichneten sich einige dadurch aus, dass sie berühmte Persönlichkeiten aufnahmen, die sich der »Forschung« widmeten. Das ist der Fall bei der Loge Kane Nr. 454 in New York. Sie heißt nach dem Bruder E. K. Kane (1820–1857), einem der ersten Arktisforscher. Dann nahm sie R. E. Peary auf, der 1909 als erster den Nordpol erreichte, und den Freimaurer-Meister R. E. Byrd, der 5 Jahre lang isoliert in der Arktis verbrachte, nachdem er als erster im Flugzeug den Pol überflogen hatte (das Bild zeigt die Ankunft der Hilfe im Jahr 1934 auf einer Zeichnung von A. Beltrame für die Illustrierte »Domenica del Corriere«).

Ansicht von Rio de Janeiro. Der Gran Oriente do Brasil hat seit seiner mühseligen Konstitution im Jahr 1822 (der Großmeister, Kaiser Pedro I., stellte im gleichen Jahr die Aktivität ein, die jedoch bald wieder aufgenommen wurde) bis heute ununterbrochen gearbeitet.

Brasilien: Die brasilianische Freimaurerei zählt 120 000 Mitglieder, wobei die eine Hälfte dem Gran Oriente do Brasil angehört. Die andere Hälfte ist in einer beträchtlichen Anzahl von Großlogen organisiert. Einige davon haben eine besondere historisch-geografische Verbindung zu den einzelnen Bundesstaaten des Landes.

Deutschland: Zu den Vereinigten Großlogen Deutschlands gehören fünf unterschiedliche und unabhängige Großlogen. Zwei sind im Wesentlichen traditionell ausgerichtet, eine weitere ist christlich orientiert. Die restlichen beiden sind die American-Canadian Grand Lodge (ACGL) und die Grand Lodge of British Free Masons in Germany (GL BFG), die ihre Entstehung der starken NATO-Präsenz im Land verdanken.

Finnland: Die 1924 entstandene Großloge von Finnland weist rituelle Merkmale nordamerikanischer Herkunft auf, neben weniger stark ausgeprägten englischen Einflüssen. Die schwedische Sprachminderheit ist der Großloge von Schweden unterstellt.

Frankreich: Die französische Freimaurerei zählt mindestens 80 000 Mitglieder, mehr als doppelt so viele wie in Italien. Diese sind hauptsächlich in der irregulären Loge Grand Orient de France organisiert. Die Irregularität, die auf das Jahr 1877 zurückgeht, entstand durch eine Abänderung des Artikels 1 der *Konstitutionen*: gestützt auf eine Zweidrittelmehrheit durch Abstimmung bei einer Versammlung, ersetzte der Grand Orient die Erklärung »die französische Freimaurerei bekennt als Grundprinzip den Glauben an Gott und

Ein Siegel der deutschen Großloge Drei Weltkugeln, in der noch Einflüsse der Neutempler vorhanden sind, was auf die Zeit ihrer Entstehung zurückgeht (Mitte des 18. Jh.).

die Unsterblichkeit der Seele« durch den Grundsatz der »unbedingten Gewissensfreiheit«. So wurden jene »Grenzen« überschritten, deren Einhaltung es gestatten, die Anerkennung der United Grand Lodge of England und infolgedessen das Patent der Regularität zu erhalten. Zur regulären Freimaurerei gehört hingegen die 1913 gegründete Grande Loge Nationale Française in Neuilly.

Griechenland: 1940 konstituierte sich die Großloge von Griechenland, die auch während der Obristendiktatur aktiv blieb.

Indien: Nach langer Präsenz englischer Freimaurer entstand die Großloge von Indien erst 1961. Die Voraussetzung,

dass die Mitglieder sich auf eine monotheistische Religion (siehe S. 102–103) beriefen, sah man im Hinduismus im Wesentlichen als gegeben an, da dieser – trotz eines scheinbar ungebremsten Polytheismus – die Vielfalt der heiligen Manifestationen auf die Einheit von Brahman, das höchste Sein, zurückführt.

Island: Nachdem sie sich von der Vormundschaft der dänischen Freimaurerei emanzipiert hat, ist die Freimaurerei auf der Insel in der Großloge von Island nach Schwedischem Ritus (*siehe S. 52–53*) beheimatet. Die Zahl der Mitglieder ist, gemessen an der geringen Bevölkerungsdichte des Landes, sehr hoch. Der erste Präsident der Republik, S. Björnsson, war ihr Großmeister.

Israel: 1953 entstanden, hat die Groß-loge des Staates Israel heute über 3000 Mitglieder unterschiedlichster ethnischer und religiöser Herkunft.

Japan: Nach dem Zweiten Weltkrieg begann die Freimaurerei sich im Land zu verbreiten. 1957 wurde die Großloge von Japan gegründet, die heute 4000 Mitglieder hat. Eine Anpassung der Rituale an die japanische Kultur ist noch im Gange.

Jordanien: Die Großloge von Jordanien ist mit dem Grand Orient de France verbunden.

Kanada: Hier sind etwa eine halbe Million Brüder in einer Tradition aktiv, die, so wie auch in den Vereinigten Staaten,

Auf den Ghats, den Stufen von Varanasi (früher Benares) lesen die Priester heilige Texte und machen Weissagungen für die Gläubigen. Die Vereinbarkeit von Hinduismus und Freimaurerei wurde in den 1860er-Jahren in der freimaurerischen Presse diskutiert, als ein Brahmane (ein Angehöriger der Priesterkaste) in die Meridian Lodge No. 345 aufgenommen wurde.

hohe Politiker mit freimaurerischem Hintergrund hervorgebracht hat, nämlich mindestens sechs Premierminister seit J. A. Macdonald (1815–1891), der als Urheber der kanadischen Konföderation gilt.

Kuba: Mit 20 000 Mitgliedern ist Kuba das einzige kommunistische Land, in dem es der Freimaurerei gelungen ist, eine Basis für eine Koexistenz mit dem Staat zu finden.

Siegel der niederländischen Freimaurerei.

Liberia: Hier arbeitet die Großloge Prince Hall (*siehe* S. 83). Zwei ihrer Großmeister sind Präsidenten der Republik geworden.

Mexiko: Hier gibt es über 40 000 Brüder, die in zahlreichen Logen organisiert sind, von denen einige der Freimaurerei der Vereinigten Staaten sehr nahe stehen.

Niederlande: Der Grootoosten der Nederlanden ist mit 7000 Mitgliedern eine der aktivsten Logen von Europa und hält an der maurerischen Tradition fest.

Norwegen: Hier wird der Schwedische Ritus gepflegt (*siehe* S. 52–53), der auf 16 000 Brüder zählen kann.

Österreich: Die Großloge von Österreich wurde erst 1919 gegründet. Sie scheint jedoch im Wesentlichen in der Linie der reinen freimaurerischen Tradition zu liegen.

Peru: Die Gran Logia de la Republica de Peru hebt sich von der lateinamerikanischen Freimaurerei insbesondere durch ihr konkretes soziales Engagement im Land ab.

Philippinen: Die nationale Großloge hat 15 000 Mitglieder. Damit kann sich das Land der größten zahlenmäßigen Dichte an Mitgliedern im Vergleich zu allen anderen Ländern Asiens rühmen.

Portugal: Hier arbeiten die von England anerkannte Grande Loja Legal de Portu-

*Siegel der Großloge
der Republik
Südafrika.*

gal und die gerichtlich als Großloge anerkannte Grande Loja Regular de Portugal.

Schweden: Die Wiege des Schwedischen Ritus (siehe S. 52–53) kann sich einer »königlichen« Freimaurerei rühmen, da der Herrscher traditionell das Amt des Großmeisters innehat.

Schweiz: Hier arbeitet die reguläre Grande Loge Suisse Alpine mit 3500 Mitgliedern. Geringere Bedeutung hat die irreguläre Grande Loge Suisse, die in den 1960er-Jahren entstand.

Spanien: Das Bild wird von einer Großloge von Spanien beherrscht, die sich parallel zur Wiedereroberung der demokratischen Freiheiten dieses Landes (1978) wieder konstituieren konnte. Es gibt jedoch auch einen Grande Oriente, der mit der irregulären Freimaurerei Frankreichs verbunden ist.

Südafrika: Von den zwölf im Lande existierenden Großlogen ist nur eine, die sich 1961 konstituierte, als Großloge von Südafrika unabhängig; sechs Distriktlogen arbeiten nach englischer Konstitution, weitere vier nach schottischer Konstitution, drei Provinziallogen nach irischer Konstitution, und eine ist schließlich dem Großorient der Niederlande angeschlossen.

Türkei: Etwa 4500 Brüder bekennen sich zu einer Freimaurerei, die im Wesentlichen europäisch geprägt ist.

Zaire: Im dortigen Grand Orient, der belgisch geprägt und daher irregulär ist, vollzieht sich gerade ein Prozess der Anpassung an die lokale Bantukultur, sowohl in Hinblick auf die Rituale als auch auf die Symbolik.

Der »reguläre«
freimaurerische Horizont

Im Vergleich zu anderen Regularien bezeichnet die Freimaurerei an erster Stelle die *landmarks* (Grenzen) oder Landmarken als »regulär«. Diese legen die Trennungslinie zwischen dem »Drinnen« und »Draußen« fest und werden von allen Logen anerkannt und bewahrt, wie unterschiedlich auch die internen Gegebenheiten sein mögen. 1919 lauteten sie folgendermaßen:

- Monotheismus
- Glaube an die Unsterblichkeit der Seele
- Das Buch der Gesetze
- Legende des Dritten Grades (des »Meistergrades« aus der Hiramslegende: *siehe* S. 25–28)
- Geheimnis
- Die Symbole, geschöpft aus dem Bauhüttengebrauch
- Freie Geburt und männliches Geschlecht des Maurers

Dazu kamen 1929 übergeordnet die *Basic Principles*. Ein Teil davon sind die Landmarken, die restlichen Prinzipien betrafen die Modalitäten der Konstitution einer neuen Loge (jede »Großloge muss von Rechts wegen durch eine gebührend anerkannte Großloge oder durch drei oder mehr regulär konstituierte Logen gegründet werden«); die Unterordnung der Zugehörigkeit zur Freimaurerei unter den Glauben an den Allmächtigen Baumeister aller Welten und seinen offenbarten Willen; die Notwendigkeit, die eigenen Verpflichtungen über dem geöffneten Buch der Gesetze oder in seinem Angesicht anzunehmen; die oberste und unbedingte Autorität der Großloge über alle Logen, die ihr unterstehen; der Ausschluss von Frauen; das Buch der Gesetze sowie Zirkel und Winkel müssen während der »Arbeiten« vorhanden sein; Religion oder Politik sind aus den Logendiskussionen fernzuhalten.

Die *Principles* wurden 1949 dahingehend erweitert, dass es gestattet ist, die

Siegel des Grande Oriente d'Italia, der aktiven regulären Obedienz in Italien.

Frontispiz der deutschen Ausgabe der Bibel, die von Luther übersetzt wurde. Die Freiheit des Freimaurers von konfessionellen Bindungen, unter der einzigen Bedingung, dem Monotheismus anzugehören, sowie die Verbreitung der Freimaurerei auf der ganzen Welt und somit auch in Gebieten, die nicht christlich geprägt sind, haben mit der Zeit dazu geführt, als Buch der Gesetze auch andere Texte als die Bibel zu akzeptieren, sofern es sich um einen traditionellen religiösen Kodex handelt.

Bibel durch verschiedene heilige Texte zu ersetzen, sofern es traditionelle religiöse Schriften sind. Die Verpflichtung zum Gehorsam gegenüber den jeweiligen Landesgesetzen wird erneut bestätigt. Die Institution ist zur politischen Neutralität verpflichtet, unabhängig vom Recht jeden Mitglieds, eigene Meinungen zu öffentlichen Angelegenheiten zu haben. Die Einhaltung der aufgelisteten Grenzen, Prinzipien und Ziele ist das Kriterium, nach dem die reguläre Obedienz definiert wird. Die regulären Obedienzen in ihren nationalen Ausformungen beziehen sich dann auf *Konstitutionen* und *Regularien*, die ihre Aktivitäten regeln. Die oben erwähnten Grundregeln sind jedoch für alle verbindlich und definieren die freimaurerische Identität.

Die Initiationsgrade

In traditionellen Kulturen werden durch eine Initiation die Werte weitergegeben, auf denen eine Gemeinschaft basiert. Es ist aber nur teilweise legitim, dieses Konzept auf die freimaurerische Initiation zu übertragen. Die Grade stellen zwar in gewisser Hinsicht ähnlich wie bei Naturvölkern Übergangsriten mit spiritueller Bedeutung dar, jedoch ist die Initiation eines neuen Adepten in den Tempel nicht die »Tradierung« einer eindeutig definierten Wahrheit, sondern eher die Verpflichtung, die Wahrheit »konstruktiv« und so weit wie möglich innerhalb der »Grenzen« der Königlichen Kunst zu suchen (*siehe* S. 102–103). Auch wurde der Begriff »Initiation« erst nach der Konstituierung der Großloge von England zum ersten Mal erwähnt, als sich die spekulative Richtung durchgesetzt hatte. In der freimaurerischen Tradition verwendete man den Begriff »Aufnahme«.

Die Freimaurerei beruft sich auf ihre operativen Anfänge, die sich in den ersten beiden Graden wiederfinden. Es sind die Grade des Lehrlings und des Gesellen, die den für die mittelalterlichen Freien Maurer vorgesehenen zwei Stufen entsprechen. Die Aufnahmezeremonien sind ziemlich komplex und weichen in den verschiedenen Gesetzgebungen voneinander ab. Im Wesentlichen aber ist ein Austausch von Fragen und Antworten vorgesehen. Für

---

Der Initiationsritus in Italien

Ein Freimaurer, der nicht mehr aktiv ist, erzählte einer Frauenzeitschrift von seiner Aufnahme.

»Zuerst haben sie mich in die Dunkle Kammer geführt, wo sie mich baten, schriftlich einige rituelle Fragen zu beantworten. Dann, nachdem ich eine Art Testament gemacht hatte, haben sie mir ein Hosenbein aufgerollt, einen Schuh ausgezogen und Hemd und Krawatte geöffnet. Dies symbolisiert den Zustand der Unordnung, in der sich der Profane befindet. Schließlich haben sie mich mit einer Kapuze über dem Kopf in den Tempel gebracht, wo ich den Eid und eine Reihe ritueller Sätze aussprechen musste. Erst dann nahmen sie mir die Kapuze vom Kopf und ich habe den Saal voller Personen gesehen, die mit Kapuzen verhüllt waren und symbolische Schwerter gegen mich richteten, um die geeigneten Energien auf mich zu lenken. Schließlich haben sie mir die Kleidung wieder gerichtet, ein Zeichen des Übergangs von der Unordnung zur Ordnung. Sie haben mir den Schurz, das Symbol der Arbeit, und die weißen Handschuhe übergeben, mit dem Wunsch, dass meine Hände immer rein bleiben mögen. Dann nahmen sie sich die Kapuzen herunter: Ich war Freimaurer geworden.«

---

den ersten Grad wird die Bewusstheit für die freimaurerische Tradition in ihren historischen und symbolischen Aspekten überprüft (»Woher kommen wir?«). Für den zweiten Grad geht es um die Erlangung von Selbstbewusstheit, als Individuen wie als Mitglieder der freimaurerischen Versammlung (»Wer sind wir?«).

Im Hinblick auf die Symbolik korrespondiert das vom Lehrling gegebene Versprechen der Loyalität dem Orden gegenüber mit dem Empfang des freimaurerischen Lichts und der Zeichen und Worte, die ihn als Freimaurer erkennen lassen. In der Zeremonie für die Beförderung in den zweiten Grad wird das größere Licht, das man erreicht hat, durch den überall präsenten Flammenden Stern symbolisiert.

Die Instruktionen für diese beiden Grade (eng. *lectures*), die in katechetischer Form abgehalten werden, entstanden aus der Arbeit einiger Freimaurer, die zwischen der zweiten Hälfte des 18. Jahrhunderts und der ersten Hälfte des 19. Jahrhunderts aktiv waren: der Engländer W. Preston (1742–1818), der Amerikaner T. Smith Webb (1771–1819), der dem Symbol der Maurerkelle große Bedeutung beimaß, und die beiden Engländer W. Hutchinson (1732–1814) und G. Oliver (1782–1867). Oliver berief sich auf die Bedeutung des Evangelisten Johannes in der maurerischen Tradition und betonte als anglikanischer Pastor die Nähe zwi-

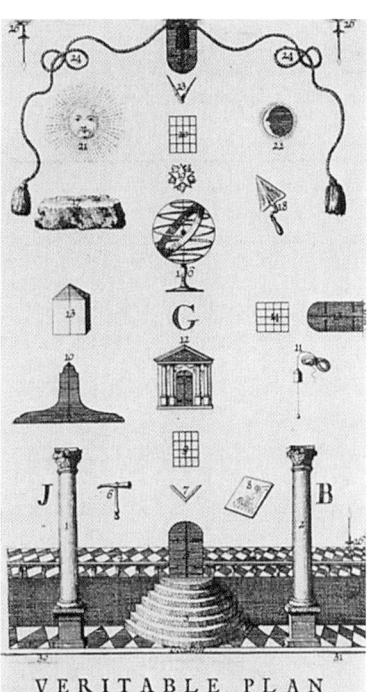

Eines der ersten Beispiele für die Kodifizierung der Symbole zum Gebrauch der Lehrlinge, 1745 in einer Erläuterung des freimaurerischen Systems in Frankreich veröffentlicht.

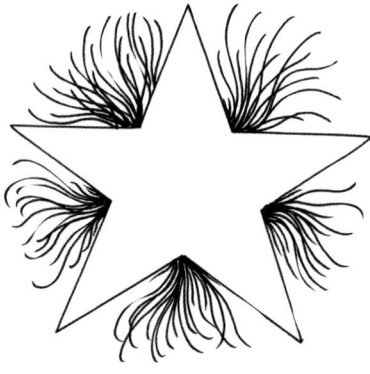

DerFlammende Stern.
Unten: Wappen des Ritters Kadosh,
30. Grad des Alten und Angenommenen
Schottischen Ritus.

schen Christentum und Freimaurerei. Die Initiation in die blaue Freimaurerei wird vom Meistergrad gekrönt, der im Gegensatz zu den ersten beiden später ausgearbeitet wurde. Man weiß, dass er bis 1770 nicht von allen Logen praktiziert wurde. Der erreichte Bewusstseinsgrad versetzt den Freimaurer nun in die Lage, sich die dritte entscheidende Frage der spirituellen Reise (*iter*) zu stellen: »Wohin gehen wir?« Mit anderen Worten, »er wird über die freimaurerische *ars moriendi* belehrt. Er erlebt die heilige Geschichte des Hiram (*siehe* S. 25–28) und ersteht nach seinem Bild in der Welt des Geistes wieder auf« (M. Moramarco).

Komplexer sind die Wertigkeiten und die Symbolik der zusätzlichen Grade, die zum Schottischen Ritus gehören. Sie weisen darüber hinaus in den Ritualen der verschiedenen Länder auch bemerkenswerte Unterschiede auf. In einigen Fällen führte ihre Vereinfachung zur

Abschaffung einiger Grade. Darum ist ab dem 4. Grad (Geheimer Meister) bis zum 33. Grad (Souveräner General-Großinspektor) eine detaillierte Betrachtung unmöglich. Die symbolischen Inhalte erweitern die Hiramslegende und spielen auf die Bibel an, etwa die Bundeslade, ebenso wie auf die Rittertradition, die Tempelritter und die Rosenkreuzer.

Einer der außerhalb der Freimaurerei oft sehr missverstanden Grade ist der Grad des Ritters Kadosh oder auch Ritter vom Weißen und Schwarzen Adler. Dieser bezieht sich, in Ver-

bindung mit der Templerlegende, explizit auf den Tod Jacques de Molays (*siehe* S. 50–53). Spirituelles Leitmotiv ist hier stets das Thema von Tod und Wiedergeburt und das initiatische Thema der Loslösung. Aber wie in vielen Mythen, in denen der Held oder der Gott den Mächten der Finsternis unterliegt, muss das Opfer gerächt werden. So wird dieser Grad der Grad der Rache genannt, in dem Sinne, dass man dafür kämpfen muss, Wahrheit und Gerechtigkeit zum Sieg über das Böse zu verhelfen. Oft glaubten jedoch Uneingeweihte, die Rache der Templer sei wortwörtlich eines der Ziele der Freimaurerei und sie drohe jedem, der sich ihren Plänen widersetzen würde. Außer dem Alten und Angenommenen Schottische Ritus praktizieren auch andere freimaurerische Systeme die Hochgrade, wie der Memphis-Misrain und der Rektifizierte Schottische Ritus. Beim Memphis-Misrain Ritus handelt es sich um einen »deistischen und spiritualistischen« Ritus, der an keine spezielle Religion gebunden ist und dem Einzelnen völlige Meinungsfreiheit lässt. Es gibt 95 Grade. Sie müssten, meint R. Ambelain, als eine Art Wandelgang betrachtet werden, in dem die alten freimaurerischen Grade, die nicht mehr praktiziert werden, ruhten, nicht als Werteskala. Der Ritus mache es möglich, alle Strömungen, die je in der Freimaurerei existiert haben, zu studieren und zu erlernen.

EUGENIO BONVICINI

I GRADI DELLA MASSONERIA DI RITO SCOZZESE ANTICO ED ACCETTATO

BASTOGI

Der Titel der Monografie, deren Buchdeckel hier abgebildet ist, gibt über den Inhalt Aufschluss (Die Grade der Freimaurerei nach Altem und Angenommenem Schottischem Ritus). Im Zentrum der Illustration thront das Siegel des 33. Grades mit dem Motto Deus meumque Jus *(»Gott und mein Recht«). Dieser Grad wird einer begrenzten Zahl von Brüdern verliehen, entweder um eine langjährige maurerische Treue zu belohnen (Italien), oder für einen besonderen Verdienst dem Orden oder der Menschheit gegenüber (USA).*

Das »Maurergeheimnis«

In der ersten Hälfte des 18. Jahrhunderts verbreitete sich die spekulative Freimaurerei von England aus über ganz Europa. Das wird mit der Faszination erklärt, die das sie umgebende Geheimnis ausübte: mysteriöse Symbole, Erkennungsworte, Versammlungen hinter verschlossenen Türen, über deren »Arbeiten« die Teilnehmer absolutes Stillschweigen bewahren mussten, Initiationszeremonien, Riten des Übergangs von einem Grad zum anderen … Das Schweigegebot ist zweifelsohne ein Erbe der Zünfte. Denn es lag im Interes-

Noch in den ersten Jahrzehnten des 20. Jh. lieferte O. Wirth, der dem Grand Orient de France verbunden war und dessen Schriften bis heute zitiert werden, eine alchemistische Lesart der freimaurerischen Symbole. Positionen wie diese und die okkultistische Periode der kontinentalen Freimaurerei haben unfreiwillig dazu beigetragen, die Missverständnisse über das wahre Wesen des »Maurergeheimnisses« aufrecht zu erhalten. Nebenstehend: eines seiner Werke in einer italienischen Auflage aus dem Jahr 1992.

Johannes der Täufer auf einem Gemälde von A. Salaino aus dem 16. Jh. Die Großloge von London konstituierte sich am Tag des Johannisfests. Diese Tatsache nutzte man zu einer bestimmten Interpretation der Geschichte der Freimaurerei, um deren enge Verwandtschaft zu esoterischen Gesellschaften, die lange vor dem 18. Jh. aktiv waren, und ihren Zugang zu den diesbezüglichen Geheimnissen zu beweisen. Tatsächlich genoss der heilige Johannes eine besondere Verehrung bei den Templern, die dieser Interpretationslinie zufolge ihre offizielle Verfolgung überlebt haben sollen, sowie bei den Rosenkreuzern.

se der spezialisierten Handwerker, ihr Wissen über Verfahren, Techniken und Fertigkeiten, die sie im Verlauf der gut sieben Jahre dauernden Lehre erworben hatten, geheim zu halten. Zwar gab es mit dem Übergang von der operativen zur spekulativen Freimaurerei keinen Grund mehr für diese Verschwiegen-

heit, andererseits aber ist nicht zu leugnen, dass man, abgesehen von einer typisch angelsächsischen Liebe zur Tradition, zweifelsohne auch erkannt hatte, dass das Freimaurergeheimnis ein wunderbares Mittel zur Mitgliederwerbung war. So auch in katholischen Ländern, wo es die erste päpstliche

Bannbulle (*siehe* S. 36) gab, Interventionen der Inquisition sowie Publikationen und Schmähschriften, die ein negatives Bild von der Freimaurerei verbreiteten. Sie wurde als Geheimbund für wenige Adepten beschrieben, die sich zu schändlichen Zielen verschworen hätten, und trotzdem hatte sie großen Zulauf.

Der Papst verurteilte das »Freimaurergeheimnis«, das für die Verfasser von Schmähschriften ein willkommenes Thema war. Die Absicht, sich zu verteidigen, brachte die Freimaurer dazu, die Verschwiegenheit, nicht aber das »Geheimnis« zu verletzen. So verbreiteten sie ihre Ziele und Rituale. Mit einem Wort, sie machten Werbung für sich. Wer sich der Freimaurerei näherte,

kam also nicht nur aus purer Neugier, die man vor »verschlossenen Türen« empfindet, sondern wegen der von den Brüdern »offengelegten« Inhalte. Hinzu kam die Überzeugung, die Freimaurerei hüte und bewahre tatsächlich ein Erbe höheren Wissens, das sie von den Geheimwissenschaften übernommen hatte. Man meinte, den größten Beitrag zu diesem Erbe könnten nur die Alchemie und die Kabbala geliefert haben. Aber da schwang ein Missverständnis mit, das vielleicht auch noch heute nicht restlos aufgeklärt ist: die Überzeugung, es gebe ein reales Freimaurergeheimnis, das Nicht-Mitgliedern zwar unzugänglich, aber durchaus vorhanden sei. Das »Geheimnis« der Freimaurerei ist aber ihr besonderer esoterischer Cha-

Stich aus Atalanta fugiens, *einem Handbuch der Alchemie aus dem 17. Jh. Die Steine, die im Himmel, in den Händen der Jünglinge und auf dem Boden auftauchen, stellen vielleicht den Stein der Weisen dar, den zwar alle sehen , dessen »Geheimnis« aber nur die Weisen ergründen können.*

Detail des Mosaiks in der Kathedrale von Otranto. Die Arche als geschützter und sicherer Ort wurde manchmal mit der Freimaurerloge verglichen.

rakter. Es liegt in der spirituellen Dimension der Suche des Einzelnen, sowie in der geistigen Nahrung und den Anregungen, die aus der Bruderbindung erwachsen. K. Kerényi meint, man dürfe nicht glauben, die Mitglieder einer antiken Gesellschaft hätten nicht allgemein gewusst, worum es sich bei den geheimen Riten oder Mysterien gehandelt habe. Warum also die Verschwiegenheit? Das, was die erste Geheimgesellschaft mit der nachfolgenden verbinde, sei das Geheimnis per se. Zu der Frage, ob etwas Ähnliches existiere, ein *Geheimnis per se*, unabhängig vom Inhalt, könne das deutsche Wort *Geheimnis* einen Hinweis liefern, weil es *Heim* und *heimlich* enthalte: *etwas, das mir ganz und gar im Geheimen gehört.* »Geheimnis« sei daher jene Sphäre des Menschen, die er, solange er Mensch sei, nicht aufgeben könne und wolle. Es sei das Unsagbare.

Die Symbolik

Die Freimaurerei vereint eine Reihe von Symbolsystemen, die sich in der Geschichte der Esoterik durchgesetzt haben. Dies macht ihre Entschlüsselung schwierig.

Beinahe unverfälscht erhielt sich die operative Symbolik, angefangen bei Winkelmaß und Zirkel. Sie sind ein Erbe der alten Baukorporationen. Das Winkelmaß steht für den Grad des Lehrlings, der Zirkel für den Meister-

grad. Dabei spielen sie – je nach kultureller Tradition – auf das spirituelle Bauwerk an. Das Winkelmaß kann Symbol sein für die »Rechtschaffenheit« oder die Beherrschung der »Rechtwinkeligkeit der Materie«. Der Zirkel symbolisiert die geistige Arbeit des Einzelnen an sich selbst. Ein weiteres symbolisches »Paar« mit sehr tiefer Bedeutung, Setzwaage und Senkblei, laden zur Meditation ein: die

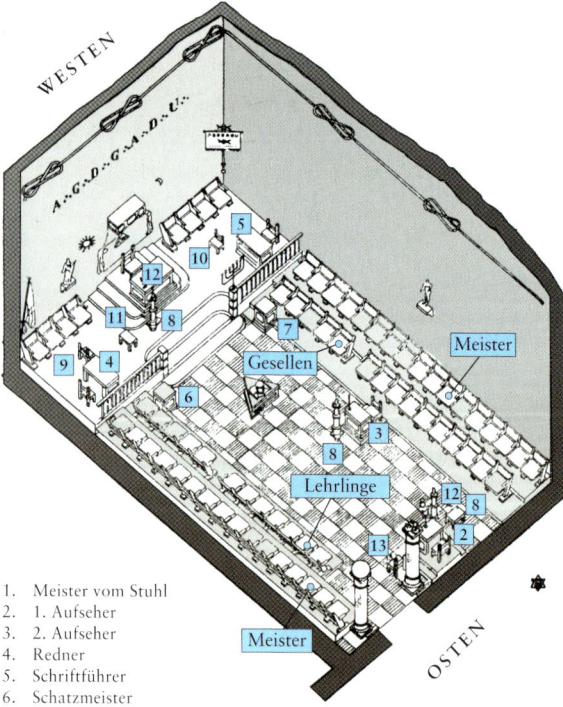

Schematische Darstellung des Tempels, des »heiligsten« Raumes in einer Freimaurerloge. Der Tempel stellt die summa der überlieferten Symbole des Ordens und des Initiationswegs dar. Neben den beschriebenen Symbolen ist auf die Säulen hinzuweisen (die an die Säulen im Tempel Salomonis erinnern) sowie auf die Knoten, die für die Kette der Brüderlichkeit in der Freimaurerei stehen.

1. Meister vom Stuhl
2. 1. Aufseher
3. 2. Aufseher
4. Redner
5. Schriftführer
6. Schatzmeister
7. Armenbruder
8. Kandelaber
9. Experte
10. Ordner
11. 1. Schaffner
12. 2. Schaffner
13. Wachthabender

Aquarell von William Blake, das das mittelalterliche Bildthema des Allmächtigen Baumeisters aller Welten aufgreift, der sich mithilfe des Zirkels die Welt erschafft.

Manifestation des Geistes im Universum; man muss ihn bearbeiten, um zur Quelle aufzusteigen. Auch die Metalle gehören zur mineralischen Symbolik. In der ersten Phase des Initiationsrituals wird dem Kandidaten alles weggenommen, was er an Metallischem bei sich trägt. Einerseits bedeutet das die Aufforderung, sich in die Armen und Wehrlosen hineinzufühlen, andrerseits werden im engeren esoterischem Sinne auch die Beziehungen zwischen den sieben klassischen Metallen (Blei, Zinn, Eisen, Gold, Kupfer, Quecksilber und Silber) zu den lebenswichtigen Organen des Körpers hergestellt. Die Wegnahme der Metalle ist daher auch eine Mahnung, sich darauf zu besinnen, dass man sich von der Körperlichkeit lösen muss, um sich dem symbolischen

Setzwaage über die gleichmachende Macht des Todes, das Senkblei über die Möglichkeit, von der Erde aus den Himmel zu erreichen, wenn man den rechten Pfad der Tugend nicht verlässt. Unter den vielen operativen Symbolen sind noch Hammer und Meißel zu erwähnen, die für die Kraft des Willens und der Vernunft bei der »Arbeit am rauen Stein« stehen.

Der Stein ist in der freimaurerischen Symbolik ein Erbe der Hermetiker. Er steht für den niedrigsten Grad der

Der Buchstabe »G«

In der komplexen alphabetischen und kryptografischen Symbolik, deren sich die Freimaurerei bedient, ist der Buchstabe »G«, der im Zentrum des »Flammenden Sterns« steht, nicht eindeutig zu interpretieren. In Italien wird er als Anfangsbuchstabe der Abkürzung G. A. D. U. verstanden (Grande Architetto dell'Universo), oder auch als Hinweis auf Begriffe wie Geometrie, Gnosis, Generation usw. Im Deutschen kann er für Geometrie, Gesetz, Gott stehen. In der angelsächsischen Kultur wird überwiegend auf das Wort God Bezug genommen, aber manche meinen auch, dass er als Anfangsbuchstabe von Geometry zu verstehen sei. In diesem Falle ist der Ursprung des Symbols in der deistischen und mechanistischen Periode der Freimaurerei zu suchen, als in der englischen Kultur der Newtonismus vorherrschte. Im Französischen soll das »G« drei Bedeutungen haben: Gloire (in Bezug auf Gott), Grandeur (in Bezug auf den Meister der Loge), Geometrie (in Bezug auf die Brüder). Und dann gibt es schließlich noch andere Erklärungen, die etwa das »G« auf eine grafische Umwandlung des entsprechenden griechischen Buchstabens Gamma zurückführen, in der Form dem Winkelmaß ähnlich, das in den englischen Logen des 18. Jahrhunderts im Zentrum des Flammenden Sterns stand, oder auch auf eine Vereinfachung des uralten Sanskrit-Symbols der Swastika, dem Rad der universellen Bewegung.

Tod als spiritueller Wiedergeburt zu stellen. Auch die geometrische Symbolik übernahm die Freimaurerei aus traditionellem Wissen. Besonders den Punkt und den Kreis kann man verschiedentlich auf den Allmächtigen Baumeister aller Welten zurückführen.

Sei es, dass man den Kreis als kosmischen Bereich seiner Manifestation vom Mittelpunkt aus deutet (der Punkt), sei es, dass man ihn als Lauf der Sonne oder als wiederkehrenden Zyklus der Sternzeichen sieht. Auch die astronomische Symbolik hat in der Freimaure-

Ein sehr komplexes, klassisches maurerisches Symbol. In der Deutung von O. Wirth drückt das Dreieck mit dem Auge in der Mitte das Prinzip der Bewusstheit aus. Die Strahlen stellen die Aktivität dar oder auch die konstante Expansion des Seins. Der Wolkenkranz spielt auf das zyklische Wesen der expansiven Emanationen an, die sich unter dem Druck ihrer Begegnung verdichten. Alles sei ein Entwurf des Seins in der unendlichen Vielfalt seiner Manifestationen, denn alles sei gleichzeitig dreifach und eins.

Die astronomische Symbolik gehört wie alle traditionellen Symbole auch zur freimaurerischen Überlieferung. Auf dem Bild eine Darstellung des Himmelsfirmaments auf dem sogenannten Sternenmantel Kaiser Heinrichs II., Diözesanmuseum, Bamberg.

Freimaurerei, die sich an die Herrlichkeit des Allmächtigen Baumeisters aller Welten wendet« (M. Moramarco). Es versteht sich von selbst, dass geometrische und numerische Sym-

rei stets breiten Raum eingenommen. Das am häufigsten zu findende Symbol ist jedoch das Dreieck, das oft das Auge Gottes umschließt. In der pythagoräischen Tradition stellt es den Aufstieg vom Vielfachen zum Einen dar, in der christlichen Tradition die Dreifaltigkeit (Sein als Gedanke, Liebe und Macht). Aber das »maurerische Dreieck kann symbolisch auch als *Richtungsvektor* gelesen werden. In diesem Sinne symbolisiert es in seiner Ausrichtung nach oben die *Arbeit* oder die *dynamis* der

bolik eng verbunden sind. Die Basis ist hier die Arithmosophie, die man nicht mit Zahlenmagie verwechseln darf. Von der lebenden Natur hat die Freimaurerei sowohl eine Pflanzen- als auch eine Tiersymbolik übernommen. In der Ersteren dominiert die Akazie, die bereits in den Anfängen der Freimaurerei präsent war. Sie steht für die Unsterblichkeit. In der Hiramslegende steht diese Pflanze mit seinem Begräbnis in Zusammenhang. Aus der Bibel wurden schließlich die Libanonzeder (der 22.

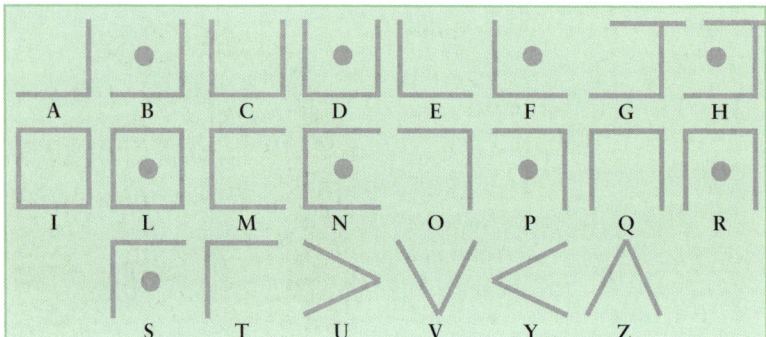

Grad des Alten und Angenommenen Schottischen Ritus heißt zum Beispiel »Ritter der Königlichen Axt« oder »Prinz von Libanon«), der Granatapfel, der den Tempel Salomonis schmückte und wie die Getreideähre auf Fruchtbarkeit und Fülle anspielt, sowie die Rose übernommen, die in der Rosenkreuzersymbolik eine zentrale Rolle spielt. Unter den Tiersymbolen fallen

Das Alphabet der Freimaurerei. Die vielen rechtwinkeligen Buchstaben erinnern an den Winkel, das Maßinstrument, das zur freimaurerischen Symbolik gehört.

der Hahn (Wachsamkeit), der Pelikan (Selbstopfer aus Liebe), der Phönix (Unsterblichkeit), der Löwe (spirituelle Stärke), das Lamm (Unschuld und Reinheit) und die Bienen (Fleiß) auf. Eine grundlegende Rolle spielt in den verschiedenen Ordensritualen auch die Farbsymbolik. In einer Farbskala, die bis zum Dunkelblau reicht, ist die wichtigste Farbe das Azurblau. Es bezeichnet das System der drei ursprünglichen Freimaurergrade und ist darüber hinaus eine Besonderheit des Meistergrades. Weiß und Schwarz (Licht und Finsternis) sind auf dem schachbrettartigen Fußboden des Tempels ein Paar, während man, wegen seiner Strahlkraft, Goldgelb für die Quasten und für die

Fleiß und Beständigkeit, wofür die Bienen ein Symbol sind, werden jedem Freimaurerbruder abverlangt.

Eine Synthese der freimaurerischen Symbolik. Bemerkenswert sind unter anderem zwei Akazienzweige, mit denen die Todesanzeigen von Freimaurern geschmückt werden.

Borten der freimaurerischen Fahnen verwendet. Grün symbolisiert den Gegensatz von Licht (Lichtabsorption durch Chorophyll) und Dunkel (die Vegetation versenkt ihre Wurzeln in den Schoß der Erde); es ist die traditionelle Farbe des Grande Oriente d'Italia. Rot steht generell für Aktivität, Sehnsucht und Durchsetzungskraft.

Nun noch ein letzter Blick auf die Symbolik des menschlichen Körpers. Hier steht das Auge im Mittelpunkt, ein uraltes Symbol der Göttlichkeit, das Organ des Lichts. Es ist ein weiteres Bild des Paares Punkt und Kreis (Pupille und Iris). Eine wichtige Rolle spielt in der englischen Freimaurertradition auch das Herz, das, so der Esoteriker R. Guénon, Sitz und Bewahrer des kosmischen Lebens ist. Wichtig ist auch die Nabelschnur, die mit dem nur von Freimaurern gebrauchten Wort *Cable-Tow* bezeichnet wird. Dies spielt auf die Bindung an, die alle Brüder auf der Welt miteinander vereint. Der Totenkopf verweist auf die notwendige Reflexion über den Tod, bevor man sich auf den Weg von Erneuerung und Erhöhung begibt.

Mittelalterliche Miniatur, die einen Pelikan zeigt, der seine Kinder mit seinem eigenen Fleisch füttert. Der Pelikan, der das Selbstopfer aus Liebe repräsentiert, war auch in der christlichen Ikonografie ein häufig verwendetes Symbol.

Das Kleid macht den Freimaurer?

Die maurerische »Bekleidung« besteht aus symbolischen Kleidungsstücken wie dem Schurz, den Handschuhen oder dem Collar. Da sie zum internen, rituellen Gebrauch bestimmt ist, hat sie jedoch einen ganz anderen Stellenwert als das religiöse Habit oder die Uniform. Dabei beruft sie sich auf einen nur unter den Brüdern funktionierenden Code. Ihr Ziel ist es, den Einzelnen einzuladen, sich mit der Folgerichtigkeit des eigenen spirituellen, maurerischen Weges auseinanderzusetzen.

Der Schurz ist ein Symbol, das seinen Ursprung in der operativen Freimaurerei hat und der realen Arbeitswelt der Maurer entlehnt ist. In der spekulativen Freimaurerei jedoch hat er als Symbol noch weitere Bedeutungen. Seine Farbe zum Beispiel, das Weiß, symbolisiert, dass es für den Lehrling unerlässlich ist, unschuldig und rein zu sein. Darüber hinaus dient er als um die Taille geschlungene klare Trennungslinie, die einen oberen und einen unteren Teil des Körpers definiert. Sie verweist darauf, dass es wichtig ist, dem oberen Teil, Herz und Geist, den Vorzug zu geben und den unteren, die Triebe, zu beherrschen. Da sich seine Symbolik in den

verschiedenen Graden ändert, kann er immer wieder neue Bedeutungen annehmen.

Ein weiteres klassisches Kleidungsstück sind die weißen Handschuhe, die der Kandidat in der in manchen Initiations-

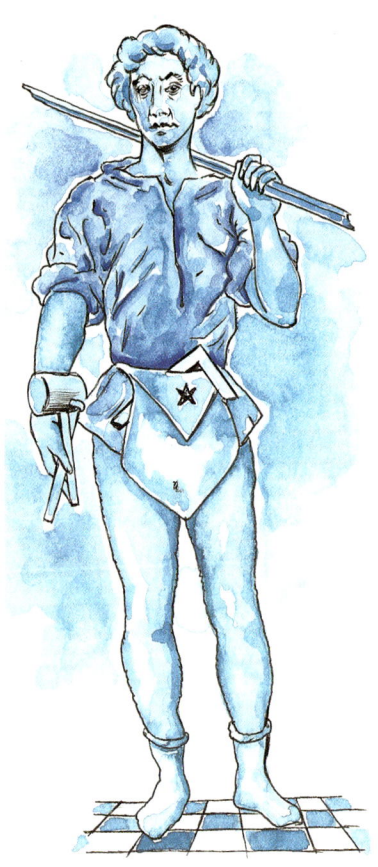

Kleidung des Gesellengrades, die an den mittelalterlichen, operativen Ursprung der Freimaurerei erinnern soll.

118

Porträt des großen deutschen Dichters J. W. Goethe. Als er nach seiner Initiation zur Freimaurerei die Handschuhe empfing, schrieb er Charlotte von Stein: »Ein geringes Geschenk, dem Ansehn nach, wartet auf Sie, wenn Sie wiederkommen. Es hat aber das merckwürdige dass ichs nur Einem Frauenzimmer ein einzigesmal in meinem Leben schencken kan.«

zeremonien erhält. Im Mittelalter schmückten Ritter ihre Helme mit den Handschuhen ihrer Damen. Und tatsächlich ist beim Ritual der beiden weißen Handschuhe, die dem neuen Adepten übergeben werden, noch immer der eine für ihn bestimmt, der andere für die Frau, die er liebt oder am meisten achtet. Generell soll dieses Kleidungsstück daran erinnern, die Hände rein zu halten, aber auch, die Sphäre des Heiligen (Einrichtung und Symbole des Tempels) vor jeglicher »Beschmutzung« oder Profanierung zu beschützen. Einige Wissenschaftler meinen, die weißen Handschuhe stünden dafür, dass man sich nicht, auch nicht in übertragenem Sinne, mit dem Blute Hirams befleckt habe (*siehe* S. 25–28). Das Collar ist ein Symbol, das für eine hohe Funktion in der Logenhierarchie steht. Es bringt nicht nur Autorität und Ehre mit sich (das Dreieck mit der Spitze nach unten ist ein Rangabzeichen), sondern soll, um den Hals getragen, auch die Verantwortung bewusst machen, die mit Machtausübung einhergeht. Im Übrigen zeigt das

Collar in der blauen Freimaurerei eine präzise Funktion an, während es bei den anderen nur auf den Initiationsgrad hindeutet.

Der symbolische Eingriff in die Kleidung hat besonders in der Initiationszeremonie des Lehrlings große Bedeutung (*siehe* Kasten auf S. 104). Die unordentliche Kleidung und das Fehlen eines Schuhs stellen einerseits den verwirrten Zustand des »Profanen« (Nichteingeweihten) dar, bevor er den Tempel betritt, andrerseits steht er für die notwendige Demut, die derjenige besitzen sollte, der sich einer Initiation unterzieht. Die symbolische Bedeutung dieser zweiten Auslegung wird noch verstärkt, wenn beim Ritual die Metalle weggenommen werden (*siehe* S. 113–114).

Zweck und Ziele des Ordens

Die Freimaurerei ist so facettenreich und hat eine derart komplexe und widersprüchliche Geschichte, dass man ihr weder einheitliche noch konstante Zielsetzungen zuschreiben kann. Daher kann man nur die von der Freimaurerei selbst geäußerten Ziele betrachten und sich zu diesem Zweck jener Publikationen bedienen, die vor allem in jüngerer Zeit die Missverständnisse, die den Orden umgeben und zu einem großen Teil auf Desinformation beruhen, aufzuklären versuchen.

Die Freimaurerei teilt mit einem Großteil der religiösen und ethischen Konzepte der Geschichte die Überzeugung, der Mensch sei vervollkommnungsfähig (perfektibel). Daher schlägt sie dem Individuum den Weg spiritueller Entwicklung vor. Es handelt sich für jeden um einen gänzlich autonomen und subjektiven Weg, auch wenn das »heilige«

Stich aus der Tabula Cebetis, *der in Gestalt einer Stadt mit mehreren Mauerringen den Weg der Veredelung des Einzelnen darstellt.*

120

Ambiente des Tempels sowie das Bewusstsein, zum »Corpus« einer Loge zu gehören, grundsätzlich Mittel zur Orientierung sind. Auf der anderen Seite ermöglicht die »korporative Dimension«, die von jedem Bruder erreichten Resultate miteinander zu teilen, was auch ein kollektives Weiterkommen bedeutet, das sich in der äußeren Welt nicht nur durch philanthropische Initiativen widerspiegeln sollte, sondern auch durch ein Engagement für eine »wahre, gesunde und nicht parteiische Gerechtigkeit« zum Wohl der gesamten Menschheit (U. Gorel Porciatti).

Das letzte Ziel ist nämlich die weltumspannende Bruderschaft, was sich im ethischen Statut der regulären Freimaurerei niederschlägt, die von der gemeinsamen Abstammung vom Allmächtigen Baumeister aller Welten überzeugt ist. Das ist auch der Ursprung der Wahrheitsliebe und somit der »konstruktiven« Natur des spirituellen En-

Die Rückseite einer Dollarbanknote, die im linken Kreis das freimaurerische Bild einer stumpfen Pyramide trägt, über der das allsehende Auge des Allmächtigen Baumeisters aller Welten schwebt. Die Pyramide ist ein Symbol für die Vollendung des Werkes. Aber die Hervorhebung der Ziegel weist auch zusammen mit dem Motto (Annuit Coeptis Novus Ordo Saeculorum: »Eine neue Epoche winkt den Initiierten«) darauf hin, das das Ziel des initiatischen Weges das Ergebnis einer fortschreitenden »Konstruktion« ist. Dasselbe Symbol schmückt auch den Meditationsraum des UNO-Hauptquartiers in New York.

gagements des Freimaurers, der das Projekt der Rettung nicht an einen Gott delegiert, sondern daran mitarbeitet, indem er den »Königsweg der Pflicht« durchläuft (M. Moramarco).

Die freimaurerische Literatur hält es für unerlässlich, die Verbindung zur operativen Tradition lebendig zu halten und hebt daher die konstruktive Arbeit als Fundament der spirituellen Disziplin

Kathedrale von Chartres. Das Labyrinth oder auch der Weg, auf dem man zum Heiligen gelangt, ist ebenfalls ein freimaurerisches Symbol. Der Fürst von Sansevero entwarf es eigenhändig für seine Kapelle in Neapel.

hervor. Dies erlaubt es, auch das letzte Ziel der persönlichen Veredelung des Einzelnen genauer zu erklären. In der freimaurerischen Ethik, die die psychologischen Kehrseiten dieser Frage nicht übergeht, ermöglicht die Arbeit, die Grenzen des Ich zu überschreiten und sich in ein organisches Ganzes zu integrieren, das nicht, wie der Mensch, dem Tod unterworfen ist. Das vollendete Werk bleibt, es überleben die Gefährten, mit denen man es realisiert hat, es nützt neuen Generationen ... In diesem Sinne ist die Arbeit eine Vorwegnahme der Unsterblichkeit, die ein für den normalen Menschen psychologisches Bedürfnis befriedigt, das für den Freimaurer aber nur eine der »Grenzen« (*siehe* S. 102) seiner eigenen Identität ist.

Die Begräbnisrituale stellen die Reflexion über den Tod in den Vordergrund, damit er als innere Wiedergeburt überwunden werden kann. Sie können makaber erscheinen und haben wohl unter den »Profanen« einige Missverständnisse verursacht. Aber es steht außer Zweifel, dass die Freimaurerei, indem sie sich dieser Frage stellte, bereits im Voraus Schäden vorbeugen konnte, die in der Psyche des Einzelnen und in der Gesellschaft insgesamt durch die Verdrängung des Gedankens an den Tod entstehen können.

Wenn das Ziel des Freimaurerordens die persönliche Veredelung des Einzelnen ist, der durch einen völlig individuellen Weg seinen Platz gegenüber dem Höchsten Sein und seinen Nächsten begreift, so strahlt all dies

Ein Stich, der Voltaire (1694–1778) in Sanssouci im Gespräch mit seinem Schüler Friedrich dem Großen darstellt.

natürlich auch auf das praktische Leben zurück. Nach dem freimaurerischen Kodex muss der Freimaurer ein ehrlicher Bürger, ein guter Vater, eine achtbare und tolerante Persönlichkeit sein, kurzum, ein Mensch von starker und unzweifelhafter Moral.

Dies mag zwar die Verbreitung des Ordens als »positive, aber freie« Organisation begründen, aber es erklärt nicht jene Besonderheit, die die Freimaurerei seit ihrer Konstitution in London im Jahr 1717 auszeichnete: die Mitgliedschaft berühmter Personen. Liest man einen der zahlreichen Texte zur Geschichte der Freimaurerei, so stellt man fest, dass im Verhältnis zur eigentlich kurzen Existenz des Ordens – man sollte sich hüten, fantasievolle Hypothesen in Betracht zu ziehen, die ihn

auf den Garten Eden zurückführen – der Anteil illustrer Persönlichkeiten unter den Mitgliedern ungewöhnlich groß war. Die Frage lautet also: Was hat diese Menschen dazu gebracht, Freimaurer zu werden? Eventuell ist man heute in Italien infolge der Geschehnisse um die Loge P2 versucht, den Entschluss zur Mitgliedschaft als eine Art »Geschäftemacherei« zu sehen. Von Persönlichkeiten wie George Washington und den Vätern der amerikanischen Verfassung kann man das aber bestimmt nicht behaupten. Auch wenn der Beitritt in eine Loge vom jungen General Napoleon Bonaparte als eine Art »Garantie« für seine zukünftige Karriere angesehen wurde, so kann man das einem Friedrich II. von Preußen sicherlich nicht unterstellen,

Links: Die Philosophie Nietzsches, die von der faschistischen und nationalsozialistischen Ideologie auf paradoxe Weise interpretiert und verdreht wurde, könnte als Gegensatz zu freimaurerischen Prinzipien erscheinen. In Wirklichkeit aber war der Philosoph, hier von Edvard Munch porträtiert, ein überzeugter Freimaurer.

Auf der folgenden Seite: Blick in den Innenraum der Kathedrale von Chartres, die von mittelalterlichen Freien Maurern erbau wurde.

der ja bereits dem Erbrecht nach König war.

Etwas scheint allerdings sehr charakteristisch zu sein: Freimaurer mit einem intellektuellen Beruf sind zahlreich, besonders Künstler (und unter diesen nehmen die Musiker in der gesamten Geschichte der Freimaurerei einen bedeutenden Platz ein, von Händel, Haydn, Gluck und Beethoven bis hin zu Sibelius und Stockhausen), Philosophen (von Voltaire bis Nietzsche), Ökonomen, Wissenschaftler und Dichter (es mag genügen, für Italien Alfieri und Carducci zu erwähnen). Besonders im 18. Jahrhundert, dem Jahrhundert der Aufklärung, war es einem Intellektuellen fast unmöglich »kein Freimaurer zu sein«. Und dann gab es wieder Zeiten der Krise.

Eines lässt sich jedoch wohl sagen: es sind die Themen, die viele »große Geister« in die freimaurerische Gemeinschaft gezogen haben. Dazu gehört die

Überzeugung, der Mensch sei zur Vervollkommnung fähig, oder die gemeinsame Solidarität und der Wunsch, mit persönlichem Engagement an der Realisierung des Entwurfes des Allmächtigen Baumeisters auf Erden mitzuarbeiten, und zwar gemäß dem eigenen spirituellen Weg und den eigenen Begabungen. Wenn das Bild stimmt, kann man die Worte eines Bruders nur unterschreiben, der sich leidenschaftlich der Vertiefung freimaurerischer Spiritualität gewidmet hat: »Groß ist das Ziel, das der Orden sich setzt; und die Mittel, die er einsetzt, sind, wenn sie nicht verfälscht werden, friedfertig und klar. Das Ziel ist, den Menschen zu veredeln, den Einzelnen, denjenigen, der sich veredeln will, ihn denken, meditieren, begreifen zu lassen, dass er Botschafter des Höchsten und Teil des Ganzen ist, und dass diese Teile im Ganzen durch einen einzigen Mörtel miteinander verbunden sind: die Liebe« (U. Gorel Porciatti).

Quellen

Aus der schier endlosen Reihe von Schriften über die Freimaurerei werden hier nur die Titel angegeben, auf deren Grundlage dieses Buch entstanden ist.

A. C. Ambesi: *I Maestri del Tempio*, Mailand 1995

A. C. Ambesi: *Le società esoteriche*, Mailand 1994

E. Bonvincini: *I gradi della Massoneria di Rito Scozzese Antico e Accettato*, Foggia 1997

E. Bonvincini: *Massoneria di Rito Scozzese*, Rom 1988

G. Cipriani: *I mandanti. Il patto strategico tra Massoneria, mafia e poteri politici*, Rom 1993

F. Cordova: *Massoneria e politica in Italia (1892–1908)*, Bari 1985

G. Di Bernardo: *Filosofia della Massoneria. L'immagine massonica dell'uomo*, Padua 1989

U. Gorel Porciatti: *Simbologia massonica: gradi scozzesi*, Rom 1981

U. Gorel Porciatti: *Simbologia massonica: Massoneria azzurra*, Rom 1947

S. Hutin: *Unsichtbare Herrscher und geheime Gesellschaften*, Bonn 1973

R. Le Forestier: *Die templerische und okkultistische Freimaurerei im 18. und 19. Jahrhundert*, Bd. I: *Die Strikte Observanz*, Leimen 1987

A. A. Mola: *Storia della Massoneria dalle origini ai nostri giorni*, Mailand 1994

A. A. Mola: *Storia della Massoneria in Italia*, in: *Storia d'Italia: dalla civiltà latina alla nostra Repubblica*, Novara 1981

M. Moramarco: *Nuova Enciclopedia Massonica*, 3 Bde, Foggia 1996–1997

P. Partner: *The murdered magicians. The Templars and their myth*, Oxford 1982

L. Sessa: *La Massoneria. L'antico mistero delle origini*, Foggia 1997

L. Sessa: *L'evoluzione della Massoneria: dagli alti gradi al Rito Scozzese Antico e Accettato*, Foggia 1997

L. Troisi: *Dizionario Massonico*, Foggia 1999

O. Wirth: *La franc-maçonnerie rendue intelligible à ses adeptes*, Bd. I: *L'apprenti*, Bd. II: *Le compagnon*, Paris 1999